평범한 아이를 위대하게 키우는 엄마의 센스

남들과 다르게 2세, 3세, 4세, 5세를 위한

유태인의 지능계발

DH유아지능계발연구소

Develop One' s Intellectual powers

평범한 아이를 위대하게 키우는 엄마의 센스

유태인의 지능계발

초판 1쇄 인쇄 – 2022년 07월 21일
지은이 – DH유아지능계발연구소
편집 제작 – 행복을만드는세상
발행처 – 꿈이있는집플러스
발행인 – 이영달
출판등록 – 제2018-14호
서울시 도봉구 해등로 12길 44 (205-1214)
마켓팅부 – 경기도 파주시 탄현면 금산리 345-10(고려물류)
전화 – 02) 902-2073
Fax – 02) 902-2074

ISBN 979-11-973405-7-4 (03370)

메타버스(가상현실)와 AI(인공지능)에 맞는 조기교육법

지각능력 지능과 추리력 발달을
키워주는 지능계발
숨은 동물을 찾아봐요

일부분을 보고 전체를 생각게 하여, 지각 · 추리 · 관찰력 훈련을 합니다.
아이가 정확하게 동물 이름을 말하면 엄마는 그 동물에 대한 상세한 특징을 쉽게 이해할 수 있도록 설명해줍니다.

언어지능 발달과
표현능력 지능을 키워주는
이야기를 만들어 봐요

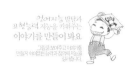

그림을 보여주고 이야기를 만들게 하여 표현 능력과 창의력 지능을 길러줍니다.

평범한 아이를 위대하게 키우는 엄마의 센스

남들과 다르게 2세, 3세, 4세, 5세를 위한

유태인의 지능계발

DH유아지능개발연구소

Develop One' s Intellectual powers

창의력지능 발달과 구성능력을
키워주는 지능계발
종이를 잘라봐요

종이를 잘라서 여러 가지 도형을 만들며 구성력을 길러 줍니다.
한가지 도형을 기초로 한 조합으로 다양한 도형이 있다는 것도 일깨워줍니다.

지각능력지능 발달과
주의력을 키워주는 지능계발
글자를 구별해 봐요

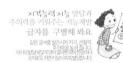

같은 글씨를 발견시켜 지각, 관찰력, 주의력을 높여 줍니다.
아이의 발달에 맞게 영어 알파벳 외에 한글이나 숫자로도 하면 지능이 쑥쑥 발달합니다.

사회적상호작용 지능
발달을 촉진하는
모양을 맞춰볼까요?

아이 입 속에 있는 맛과 향을 맞추는 흥미있는 경험을 통해 자신감을 기르고 상호작용을 통해서 친밀감을 증진시키는 효과가 있다.

꿈이있는집플러스

책을 보면서

아이들은 무한한 가능성을 가지고 있습니다. 그러나 그냥 내버려두거나 방임하게 되면 성장의 가능성을 꽃 피우지 못하고 계발되지 못한 체 사라지고 맙니다. 이런 아이들의 가능성을 발견하여 길러주는 것에도 적당한 시기가 있습니다. 늦게 발달하는 경우도 있지만 그런 유아는 노력에 비하여 효율성이 떨어지며 교육을 받더라도 한계가 나타나는 법입니다. 그래서 적절한 유아기부터 좋은 환경을 만들어 주고, 잠재되어 있는 아이의 가능성을 계발하여 줄 수 있는 지능발달 놀이가 필요한 것이고 성장하여 사회에 적응할 수 있는 예절과 사회규범을 가르쳐 주는 것이 좋습니다.

사람의 두뇌 발달은 유아기부터 어린아이일 때 급격하게 성장을 합니다. 높은 정신활동은 말할 것도 없이 대뇌피질에서 행해져 그 기능이 머리의 양부를 결정하는 것이지만, 그 뇌의 기능은 140억 개라고 하는 방대한 뇌세포로부터 돌기가 나와 이것이 복잡하게 서로 결합하고 얽혀감으로써 발휘된다고 합니다.

그 뇌세포의 서로 얽히는 일의 60%가 이미 3세 정도에 완성된다고 하니 놀라운 일이기도 합니다. 그러나 이러한 뇌세포의 성장은 5~6세 전후와 10세 전후에 다시 급커브를 그리면서 성장하게 되고 초등학교 졸업 때까지 사람의 대뇌는 약 90퍼센트가 완성됩니다. 그 후에도 서서히 진행되어 17~8세부터 늦어도 20세까지 인간의 뇌의 발달은 절정에 이르러 하드웨어로서의 뇌가 완성되는 것입니다.

유아기에는 아이의 정신구조가 아직 미분화된 시기라서 어느 한 능력만을 발달시킨다는 것은 무리입니다. 하나의 놀이는 여러 능력지능과 연결이 되어 있어서 종합적으로 발달하게 됩니다.

유아기의 아이는 발달에 개인차가 있습니다. 아이가 어렵다고 하는 아이도 있을 것이고 쉽다고 하는 아이도 있을 것입니다. 어려워하는 아이에게는 무리하게 시키지 마시고 할 수 있는 쉬운 것부터 시작하여 아이의 흥미를 이끌어 주시는 것이 중요하고 쉽다고 생각하는 아이에게는 변형시켜서 난이도를 올려 가시면 좋은 지능발달의 시간이 될 것입니다.

chapter 1
특별하게 보다는 남들과 다르게 키우는 엄마의 센스

chapter 2
우리 아이 독창적인 사고력을 키워보자

chapter 3
우리 아이 지능능력이 쑥쑥 자라는 지능계발

66 • 결론을 앞세워 설득하지 말고 냉정한 꾸짖음이 아이의 사고력을 키워준다.

어설픈 설득을 버리고 화를 내면서 아이에게 냉정하게 대하는 것이 훨씬 효과적입니다.

67 • 가끔 부모의 실수를 아이가 보는 것도 두뇌향상에 유익하다.

어머니의 중요한 역할은 아이의 질문에 답하거나 잘못을 고쳐주는 일입니다.

68 • 언어능력 지능 발달과 표현능력을 키워주는 지능계발

이야기를 만들어 봐요

70 • 심술궂거나 비뚤어진 아이는 대성할 지능을 가지고 있다.

세계적으로 성공한 인물들을 보면 대부분이 유 · 소년기부터 심술궂거나 특별한 성격을 가지고 있습니다.

71 • 아이가 잘못을 저지르는 것은 곧 생각하는 것이다.

생산적 사고' 는 항상 새로운 정식을 그 자체를 찾는 두뇌활동이기 때문에 많은 잘못이 나타날 수가 있습니다.

72 • 지각능력 지능과 추리력 발달을 키워주는 지능계발

숨을 동물을 찾아봐요

74 • 싸움에서 행동보다 말로 이기는 방법을 숙지시킨다.

프랑스에서는 한국과는 달리 아이들끼리 싸움을 재미있게 생각하면서 아예 그 자리를 떠나버립니다.

75 • 낙서는 창조력을 넓힌다.

한마디로 낙서는 아이의 창조적인 정신을 일으키기 때문입니다.

76 • 판단능력 지능 발달과 추리력 발달을 키워주는 지능계발

이상한 그림을 봐요

78 • 아이의 중얼거림을 금지시킴은 두뇌의 사고활동을 둔화시키는 것이다.
보통 4~5세가 되면 놀이에 집중하게 되는데, 이때 혼잣말로 중얼거림이 많아집니다.

79 • 집안일을 시킬 때 한손가락 끝을 사용하게 하면 머리가 좋아진다.
이런 손가락 끝 운동은 뇌를 자극해서 머리를 좋게 하는 것입니다.

80 • 사회 적응능력과 수학지능 능력을 키워주는 지능계발
시계보기 할까요?

82 • 만화는 아이에게 상상하게 하는 사고력을 선물한다.
만화는 아이 자신이 느끼지 못하는 사이에 정확한 관찰력이 쌓이고 있는 것입니다.

83 • 지나친 간섭은 아이의 사고력을 저하시킨다.
한마디로 아이가 좋아하는 일을 옆에서 말없이 도와주는 부모의 태도는 아이의 성장에 매우 중요한 것입니다.

84 • 집중력능력 발달과 주의력 지능을 키워주는 지능계발
주의 깊게 들어볼까요?

86 • 아이의 지적인 자극을 위해서는 저녁뉴스가 도움이 된다.
뉴스의 내용 중 화제 거리를 삼아 부모가 질문하고 아이들이 의견을 제시하게 하면 표현능력 향상에 많은 도움이 될 것입니다.

87 • 웃음이 많은 집의 아이들이 두뇌가 좋다.
한마디로 웃음이 마음과 머리의 긴장을 풀어주면서 창조력을 높여준 것이었습니다.

88 • 사고력 지능 능력 발달과 추리력을 키워주는 지능계발
수수께끼 놀이 해 볼까요?

90 • 자신의 신체를 조절하는 능력과 집중력 지능을 길러주는
도넛을 먹어보자

92 • 유아어를 오랫동안 사용하면 발육이 늦어진다.
아이의 사고능력은 모든 사물에 각각의 이름이 있고 그것으로 명확한 개념을 익히면서 단련합니다.

93 • 집에 다양한 책을 갖춰놓는다.
아이들은 어떤 환경만 주어진다면 부모의 강요가 없어도 자연적으로 공부라는 것을 스스로 터득하게 되는 것입니다.

94 • 사회적 상호작용 지능 발달을 촉진하는
모양을 맞춰볼까요?

96 • 아이에게 정리정돈을 시키면 판별능력이 향상된다.
아이들은 질서정연한 정리정돈에 대한 호기심은 매우 높습니다.

97 • 연필이나 종이와 친하게 하면 글씨나 그림을 좋아하게 된다.
아이의 주변에 있으면 이것으로 인해 그림이나 글자를 일찍 알게 되는 것입니다.

98 • 자신감과 도전 정신을 키워주는
어느 손일까요?

100 • 도전적인 경험을 통해 자신감과 성취감을 길러주는
신문지에 주먹을 날려요

116 • 머리는 사용하면 할수록 총명해진다.
사람의 두뇌는 기계와 달리 사용하면 할수록 무한대로 성능이 더더욱 향상되는 것입니다.

117 • 아이가 놀이에 집중할 때는 부모의 조언은 오로지 잡음일 뿐이다.
어릴 때부터 사물에 대한 집중력을 길러주는 것이 매우 중요합니다.

118 • 지각능력 지능 발달과 주의력을 키워주는 지능계발
글자를 구별해 봐요

120 • 아이가 그린 그림의 소재를 물어야 한다.
아이가 자신의 내부에 들어있는 표현할 수 없는 그 어떤 이미지를 그림으로 서툴게 표현한 것입니다.

121 • 숫자를 안다고 이해하는 것은 아니다.
아이가 수를 세는 것과 수를 이해하는 것은 완전히 다른 차원입니다.

122 • 언어발달 능력 지능을 키워주는 지능계발
글씨 만들어 봐요

124 • 아이의 놀이에 부모가 약간의 도움만 주면 높은 지적게임으로 바뀐다.
부모는 아이의 놀이를 간섭해서는 좋은 결과를 얻을 수가 없습니다.

126 • 수학지능 능력과 음악지능 능력을 키워주는 지능계발
소리 구별해 봐요

128 • 구성 지능 능력을 발달시키는
종이를 잘라 봐요

129 • 판단력 지능 능력과 지각지능 능력을 발달시키는
눈 가리고 놀아 봐요

130 • 가끔 장난감의 설명서 없이 놀게 한다.
아이들은 어른들이 깜짝 놀라게 하는 말이나 기상천외한 발상을 보여주는 경우가 있습니다.

131 • 아이의 틀린 말은 창의력이 발달하고 있다는 것이다.
아이가 보통 3~4세가 되면 말을 제일 많이 배우는 시기라는 것을 알고 있을 것입니다.
이때는 1년 동안 약 1천개 이상의 단어를 기억하지만, 그만큼 많이 틀리는 언어구사를 시도합니다.

132 • 언어능력 지능을 키워주는 지능계발
글자 카드로 이름 만들어 봐요

134 • 숟가락보다 젓가락으로 식사를 하게 한다.
손을 원활하게 움직이는 아이일수록 두뇌활동이 왕성해져 머리가 좋아집니다.

135 • 양손을 모두 사용하는 아이는 두뇌훈련에 최고이다.
두뇌발달에 도움을 주기 위해 양손을 동시에 사용하도록 권장하는 심리학자들도 있습니다.

136 • 창의력지능 발달과 구성능력을 키워주는 지능계발
종이를 잘라봐요

138 • 완성된 장난감은 두뇌향상에 역효과를 준다.
아이들은 놀이를 할 때 그 상황에 알맞게 나무나 돌멩이 등을 사용하는 것입니다.

139 • 장난감을 줄 때 다양한 변화를 생각하고 준다.
한마디로 이런 자극을 통해 두뇌활동량을 늘여주는 것입니다.

140 • 사회적응능력 지능과 지식확장 능력을 키워주는 지능계발
직업을 알아 볼까요?

142 • 하나의 장난감으로 여러 상황을 재현하게 한다.
아이들은 놀이를 하면서 상황에 맞게 새로운 놀이를 고안해내기 때문입니다.

143 • 아이가 집중할 때 억지로 잠을 재우지 말아야 한다.
아이들은 무언가에 집중하거나 열중하기 시작하면 끼니나 잠자는 시간조차 잊어버릴 때도 있습니다.

144 • 이해력 발달과 지식확장 능력을 키워주는 지능계발
여러 가지 교통수단을 알아봐요

146 • 지식확장능력을 키워주는 지능계발
나는 누구일까요?

148 • 장난감이 많은 것보다 모자라는 것이 훨씬 좋다.
외국에서 장기간 생활한 사람들의 공통점은 아이에게 일부러 장난감을 사주지 않습니다.

149 • 손과 손가락의 훈련은 머리를 좋게 만든다.
뇌가 발달하면 할수록 신체의 운동기능이 급속도로 향상됩니다.

150 • 지식확장능력 지능을 키워주는 지능계발
우리 가족을 알아봐요

152 • 구성능력 지능과 색분별 능력을 키워주는 지능계발
도형을 이어서 그려봐요

182 • 외우는 것은 반드시 잊어버린다는 것을 알게 해준다.
어떤 아이가 글자를 전혀 모르면서 그림책은 줄줄 읽어 어른들을 놀라게 했습니다.

183 • 반복연습을 많이하면 반복형의 머리만 조성된다.
아이의 입장에서 생각할 때 귀찮고, 두뇌발달에는 마이너스를 가져오는 것입니다.

184 • 추리력 지능 능력과 지각지능 능력을 발달시키는
어떤 동물인지 맞춰볼까요?

185 • 지각지능 능력을 발달시키는
어느 것이 클까요?

186 • 매너리즘은 정신발달을 늦어지게 한다.
아이들 스스로 머리를 쓰게 하는 방법은 아이들을 문제 속으로 집어넣는 것입니다.

187 • 식사 중 잡담은 표현력을 향상시킨다.
아이가 식탁에서 잡담을 늘어놓으면서 떠드는 것은 스스로 표현력을 기르기 위해서입니다.

188 • 표현력 지능 능력과 언어 지능 능력을 발달시키는
그림 보고 말해 볼까요?

chapter 4
아이의 지능을 쑥쑥 올려주는 효과적인 방법

평범한 아이를 위대하게 키우는 엄마의 센스

남들과 다르게 2세, 3세, 4세, 5세를 위한

유태인의 지능계발

DH유아지능계발연구소

Develop One' s Intellectual powers

지능발달 놀이는 강제로 시켜서는 절대로 안 된다.

해봐서 재미있고 유쾌하며 스스로 추진하고 자발적으로 하는 활동이 놀이이다. 즐겁지도 않은데 억지로 하는 것은 놀이가 아니다. 부모로서는 아이와 함께 즐길 정도의 여유를 가져서 말을 주고받는 것만이 아니라 온몸을 움직이거나 손을 사용하여 만들거나 조립하면서 아이가 즐겁게 놀이를 계속하게끔 분위기를 만들어 주는 것이 좋다.

각각의 지능발달놀이에는 지도와 놀이 방법의 요점 및 방법이 쓰여 있으며 우선 전체적인 이용법을 살펴본다.

• 놀이마다 이름이 붙어 있으며, 언어 혹은 운동 등 어떤 능력을 길러주는지 나타내고 있다. 중요한 주제는 써두었지만, 종합적으로 발전시켜서 폭넓게 이용하면 된다.

• 책에 쓰여 진 놀이의 내용에만 의존할 것이 아니고 될 수 있는 대로 실생활과 연결시켜서 실물을 생각해 내게 한

다거나, 실제로 사용하면서 가르쳐 주어야 한다. 자연과 사회 등을 이해하려면 특히 경험이 필요하다. 놀이를 기초로 생활 경험을 풍부하게 해주면 장래가 즐겁다.

• 잘 하지 못할 때에도 바로 올바른 답을 가르쳐 주지 말고 스스로 다시 한 번 생각하는 태도를 익히게 하여 자주성과 자발성을 키워주어야 한다. 그래도 못 할 때에는 힌트를 조금 주어서 스스로 답을 유도해 주는 것이 좋다.

• 잘하면 반드시 칭찬해 주어야 한다. 아이는 칭찬을 받으면 의욕이 높아지고 머리 회전도 빨라지며 거침없이 놀이에 집중하여 더 잘하게 되고 기억력도 더 나아지게 된다. 물론 틀려도 꾸짖는 것은 절대 해서는 안 된다.

• 어려워서 놀이를 잘 이해하지 못할 경우에도 며칠을 두고 반복해서 시키면 사고력과 관찰력이 깊어지고 기억도 정확해져 곧 할 수 있게 된다.

• 아이가 피곤하거나 졸려서 기분이 나쁜 경우는 다음 기회에 다시 한다. 흥미가 다른 데로 옮겨갔으면 너무 무리하게 강제로 시키지 않도록 한다.

• 놀이는 책의 순서에 맞춰서 하지 않아도 상관없다. 계절이나 행사, 일상생활에 맞춰서 적당하게 한다.

• 놀이가 조금 쉽거나 조금 어려운 아이에게는 놀이를 좀 더 발전시키거나 놀이 방법을 자세히 설명해 주어서 아이의 흥미와 능력에 맞추어 준다.

chapter 1

특별하게 보다는
남들과 다르게 키우는
엄마의 센스

지능능력 발달놀이 효과는 무엇이기에 다들 하려고 하는 것일까요?

아이는 큰 그릇으로 자라날 수 있는 가능성을 품은 작은 묘목이라고 보면 됩니다. 가족들과 특히 부모의 애정과 교육에 의해 개성이 특별한 아이로 성장하기도 하고 도중에 시들어 버리거나 말라비틀어진 빈약한 아이가 되기도 합니다.

지능발달놀이는 애정과 교육을 동시에 아이에게 즐거움과 호기심 등 앞으로 자라날 수 있는 지능을 신장시키면서 정서를 풍부하게 해주는 효과를 가지고 있습니다. 지능 발달 놀이를 즐기는 동안에 자연스럽게 지능이 계발되어 가는 것이 특징입니다.

그러면 지능발달놀이를 하면 지능이 높아지고 머리가 좋아지는 이유는 무엇일까요?

아동 심리학자인 쟈 실드는 아이는 자기를 성장시키는 기능을 자발적으로 사용한다고 합니다. 스스로 일어설 수 있게 되면 쉴 새 없이 서려고 하고, 말을 배우면 끊임없이 말을 하려고 하며, 지능이 발달되면 호기심을 일으켜서 질문하고 실험하여 모든 일을 알려고 한다고 합니다.

아이들은 늘 주위 환경에서 배우려 하고, 배워서 익힌 힘을 시험해 보려고 생각하고 있습니다. 그러므로 아이에게 뭔가를 강제로 시키거나 배울 만한 조건이 주어지지 않으면, 지능을 발달시키고 호기심을 일으켜서 질문하고 실험하며 더 나아가 모든 것을 더 알려고 하는 마음을 상실하고 맙니다.

아이의 지적인 작용을 북돋워줌과 동시에 더 많이 알려고 하는 마음을 불러일으키면, 그 마음은 지적인 발전을 촉진합니다. 지적인 지능발달은 모든 일을 깊이 알려는 마음을 더욱 더 왕성하게 합니다.

아이가 자라면서 꼭 필요한 것이 바로 이 지능발달놀입니다.

어떤 아이라도 늘 무언가를 배우고 싶어 하고 배워서 익힌 것을 실험하고 싶다는 욕구를 가지고 있습니다. 아이의 이런 욕구를 소중히 살리느냐 못 살리느냐에 따라 장래에 큰 그릇이 되는 못되는지의 여부가 결정된다고 해도 좋을 것입니다.

지능발달 놀이는 아이의 의욕을 높여 줍니다.

아이는 무언가를 하나 습득하면 호기심이 많아져서 자꾸 실험하려고 하고 실험하면서 한 단계 더 높은 지능이 쌓여가는 것입니다. 예를 들면 아이가 말을 배우면 자주 말하려 하고, 지능이 발달하면 호기심이 많아져서 질문하고 실험하여 모든 것을 알려고 하는 기분이 바로 아이의 지능 습득의 의욕입니다.

의욕의 싹을 키우는 것이 우선 지능을 신장시키는 첫째 조건입니다. 하고자 하는 마음이 없는 아이, 자발적으로 생각해서 행동하려고 하지 않는 아이는 아무리 소질을 타고 태어났다 하더라도 언젠가는 뒤처지게 됩니다.

아이들의 의욕의 시작은 아이가 가지고 있는 지능이 아이가 보고 느끼는 모든 것에 대한 흥미 때문입니다. 무언가에 흥미를 가지면 무엇이라도 더 자세하게 그 대상에 대해 알려고 하고, 생각하지 못한 장애물이 있어도 바로 행동으로 옮기는 것이 아닙니다. 스스로 생각해서 행동하며 해결하려고 하는 의욕이 높아지는 것이 보통입니다.

그런데 아이의 자발적으로 하는 행동에는 시행착오가 있게 마련이며 여기저기에서 부딪히고 여러 가지 실패를 거듭하면서 터득하여 결국에는 아이가 생각했던 것의 결론에 도달하거나 해결점을 스스로 찾습니다.

시행착오를 거듭하는 자주적인 행동에는 반드시 새로운 발견이 있습니다. 아이에게 새로운 발견은 신선한 놀라움과 감동 그 자체입니다. 아이는 만족하고 유쾌해져서 그 대상을 좋아하게 되고 강한 홍미를 품게 됩니다.

스스로 생각하고 행동한 것에 대한 멋진 느낌을 한 번이라도 경험한 아이는 자기 주변의 모든 대상에 관심을 높이고 무엇이든 혼자서 하려고 합니다. 그런 경험을 쌓으면 쌓을수록 의욕은 왕성해집니다.

혼자서 무언가를 하려고 하는 의욕이 커져서 열심히 노력하여 끝내 목적을 달성하면, 다른 사람에게 도움을 받았거나 억지로 한 경우와는 달리 커다란 기쁨을 맛볼 수 있습니다.

아무리 노력해도 목적을 이루지 못하고 결국 실패하면 깊은 좌절감이나 슬픔에 잠겨 실망감으로 온몸을 떨기도 합니다. 기쁨의 감정은 또 해보자는 의욕을 더욱더 자극하고 슬픔의 감정은 다시 도전하는 불굴의 정신을 길러 줍니다.

만약 자주적인 의욕으로 행동한 것이 아니라 누군가가 시켜서 어쩔 수 없이 목표를 돌파했다고 한다면 그토록 강한 기쁨을 못 느낄 것이고, 또 실패를 한다 해도 슬픔이나 분함의 감정은 생기지 않을 것입니다. 의욕은 커지지 않고 좌절감만 남지 않을 것입니다.

동물과 인간의 대뇌를 비교해서 가장 큰 차이, 근본적인 상이점이 보이는 곳이 전두엽입니다. 이 전두엽은 사람의 기쁨과 슬픔의 감정을 관리하는 부분은 대뇌이기도 하고 이 부분에 창조와 의욕의 영역이 있습니다. 인간이 넓은 전두엽을 가지고 있는 데에 비하여, 원숭이 같은 동물은 전두엽이 매우 작고 의욕의 영역은 거의 없습니다. 가장 사람다운 사람은 바로 창조적인 의욕을 불태우고 목적과 목표를 향해서 자주적으로 행동하고 노력하는 정신이 왕성한 사람이라고 말할 수 있습니다.

스스로 생각하고 창조하며 의욕을 불태우는 정신에 의해 행동하고, 목적 달성을 위해 노력하며, 성공하면 기뻐하고 실패하면 슬퍼하는, 이것이 사람의 본질이라고 말할 수 있습니다.

좀 더 간단하게 말한다면 새로운 문제를 향해서 의욕을 불태우는 것이 가장 사람다운 특징입니다. 의욕이 없는 사람은 인간으로서 실격이라고 말해도 좋을 것입니다.

기쁨과 슬픔은 풍부한 정서를 기르는 기초입니다.

창조적인 의욕 정신으로 아이가 시행착오를 되풀이하고 있을 때 부모가 불필요한 참견이나 원조를 주거나 부모의 결론 혹은 지식을 강요하면, 아이의 정신의 작용은 둔해지고 대상에 대한 흥미는 사라지게 됩니다.

지능발달놀이나 일반적인 놀이에서도 심하게 위험한 경우가 아니라면 언제까지라도 혼자서 생각하고 해결하도록 조용히 지켜봐 주는 태도가 아주 중요하다고 주장하는 것은 이 때문입니다.

지능계발 놀이는 아이에게 계속 흥미를 느끼게 합니다.

아이는 주변의 모든 일에 흥미를 나타냅니다. 이해가 되지 않으면 몇 번이고 물어서 나름대로 해결하려 합니다. 아이가 뭔가에 흥미를 가지고 이것저것 질문하거나 열중해서 놀고 있을 때, 질문을 거부하거나 방해를 하면 흥미가 지속되지 못합니다. 아이의 흥미는 오래 지속되지 않는 것이 일반적인 경향입니다.

아이가 흥미로운 대상을 발견하여 스스로 행동하고 질문을 해오면 행동하기 쉽게 환경을 만들어 주거나 납득할 때까지 친절하게 설명해줄 필요가 있습니다.

아이의 놀이는 어른의 놀이와 다릅니다. 어른의 놀이는 일과 상대되는 개념으로, 이른바 레저이며 휴식이지만 아이의 놀이는 생활 그 자체이며 심신의 발달에 없어서는 안 될 중요한 행위입니다.

지능놀이 속에는 그 아이의 나이에 알맞은 모든 활동이 포함되어 있습니다. 모든 몸과 정신의 활동이 거침없이 이루어짐에 따라 한층 몸과 마음은 발달되어 갑니다. 아이는 호기심 덩어리이며 호기심은 어른의 눈에는 장난이나 위험한 놀이로 비치는 행동으로 보이기도 합니다.

장난, 위험한 놀이는 호기심 · 흥미가 확실하게 뒷받침 되었을 때 나타나는 자발적인 행동입니다. 하고자 하는 마음 표현의 일종입니다.

장난이나 위험한 놀이를 하고 있는 아이를 보고 꾸짖거나 주의를 주면 아이는 모처럼 돋아난 흥미의 싹이 움츠러들고 전두엽에 적당한 자극을 받지 못해서 의욕이 부족한 사람이 되어 버립니다.

자주 흥미의 대상이 바뀌어 한 가지 놀이를 오래 하지 못하는 아이에게 화를 내어, 아이가 이거 하고 싶다 저거 하고 싶다고 말해도 아이의 의견을 존중해 주는 것이 좋습니다.

호기심이나 흥미는 하려고 하는 마음을 지탱하고 아이의 지식을 풍부하게 하여 인격 형성에서 매우 중요한 역할을 하고 있어서 하나의 대상에 흥미를 지속시키게 하는 것이 필요합니다.

무엇을 좋아하기 위해서는 스스로 의욕적 · 의도적으로 행동하고 노력해서 목표를 달성하여 기쁨과 만족감을 맛보는 경험이 중요합니다. 기쁨과 만족감을 얻으면 누구라도 그런 감정을 제공한 대상을 좋아하게 되기 때문입니다.

지능계발 놀이는 성취감을 살려 줍니다.

노력해서 성공하면 기쁨을 느끼고 자신감이 생겨서 한번 해보자는 마음이 더욱 강해집니다. 성공과 실패의 체험이 인간의 그 후 행동에 어떤 영향을 미치는가 하는 실험이 있습니다.

성공을 체험한 그룹은 실제로 매일 성적이 확실하게 향상되어 갔으며 그와는 반대로 실패를 경험한 그룹은 일의 속도가 매일 점점 저하되고 성적을 나빠져 갔다. 이 실험으로 성공과 실패의 경험이 인간의 행동이나 의욕, 일의 결과에 얼마나 깊게 관계하고 있는가를 알 수 있습니다.

성공과 실패의 체험을 당사자의 정신적인 충족감은 다른 사람들이 보기에 객관적으로 성공한 상태라도 그 아이가 기뻐하고 있다고 단정할 수 없습니다. 슬퍼하고 실망감을 맛보고 있을지도 모른다. 아니, 실망감이 아니라도 별로 기쁘지 않다고 느끼는 수도 있습니다.

하나의 목표 · 목적을 설정 할 때 누구라도 일정한 요구 수준을 갖는 법입니다. 노력의 결과 요구 수준에 도달했거나 혹은 돌파한 경우에는 성공했다고 느끼고 만족합니다. 수준에 도달하지 못했을 때에는 실패했다고 느끼고 실망합니다.

초등학교 3학년 학생이 중학교 3학년 영어 책을 읽지 못한다 해서 결코 실패 감을 느끼지 않습니다. 또 초등학교 1학년 수준의 산수 문제를 풀었다고 해서 성취감을 느끼지 않습니다.

의욕을 높이기 위해서는 아이의 나이 · 능력에 어울리는 놀이 재료를 주고 반드시 많은 성공 체험을 시키지 않으면 안 됩니다. 또 엄마의 적절한 칭찬 한 마디는 성취감을 한층 충족시키는 데에 많은 도움이 된다는 사실을 잊지 말아야 합니다.

chapter 2

우리 아이 독창적인 사고력을 키워보자

지능발달놀이의 100% 활용하는 팁

지능을 발달시키고 정서를 풍부하게 하여 인격 형성에 빠질 수 없는 중요한 요소로 세 가지는 집중력(Concentration), 자신감(Confidence), 건강 상태(Condition)의 세 가지입니다.

아이를 자유롭고 거침없이 놀게 하면 어른들이 깜짝 놀랄 만큼 신선하고 독창적인 사고를 보이거나 색다른 반응을 나타낸다. 그럴 때 웃거나 경멸하지 말고 진심으로 칭찬해 주거나 관심을 가지고 봐주면 아이는 사랑하는 부모에게 인정을 받았다는 기쁨으로 크게 만족해하며 성취감도 맛볼 것입니다.

아이의 성취감은 자신감과 연결되어 앞으로도 적극적이고 자발적으로 행동하게 이끌어 줍니다. 스스로 생각하고 행동해서 다시 부모에게 칭찬받겠다는 의욕이 생긴다. 아이의 의욕은 자연스런 형태로 진취적 기상을 발전시켜 가며 진취적 기상을 가진 아이의 지적 능력은 급속도로 발달합니다.

자신감은 의욕의 원동력이며 흥미와 마찬가지로 대담한 행동을 추진하는 커다란 힘이 되는 것입니다.

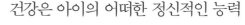

건강은 아이의 어떠한 정신적인 능력 발달에도 빠질 수 없는 중요한 열쇠라고 해도 좋습니다. 몸 상태가 좋지 않은 아이는 자유롭게 뛰어 놀려고 하지 않고 무엇에든 소극적으로 대응합니다. 그러므로 엄마는 무엇보다도 우선 아이의 건강에 주의를 기울이지 않으면 안 됩니다.

균형 있는 영양과 충분한 수면을 바탕으로 좋은 생활 습관 속에서 많은 운동을 하게끔 돌봐 주어야 합니다. 몸이 건강하면 기분이나 정서가 안정되고, 마음이 건강해지면 아이의 호기심은 쑥쑥 머리를 쳐들어 보기에도 부쩍부쩍 활발해 집니다.

자신감(Confidence)도 건강 상태(Condition)도 엄마의 연구 여하에 따라서 비교적 쉽게 손에 넣을 수 있는 반면, 집중력(Concentration)는 아이로서는 좀처럼 몸에 익히기 어렵고 힘든 요소라고 할 수 있습니다.

아이의 집중력(Concentration)을 길러 주는 팁

어린아이 일수록 변덕스럽고 쉽게 싫증내며 한 가지 일에 마음을 집중시키는 힘인 집중력(의지적 주의력)은 그다지 강하지 못합니다. 정신 집중이 매우 서툰 것입니다.

아무것도 나오지 않는 상자를 놓고 아이에게 상자 안에 무엇이 있을까라고 집중시켜 보면 아이는 얼마나 오래 정신을 집중하여 참고 기다릴 수 있을까?

결과는 3~4세 아이는 8초이고 5세 아이가 16초, 6세가 27초 정도였다고 합니다. 결과적으로 여섯 살이 되어도 오래 견디지 못하고 30초도 되지 않아서 떠들기 시작합니다.

물론 성인들도 실험을 한 결과가 있는데 강사가 연단에 올라서서 한 마디도 하지 않는다면 청중의 태도와 행동이 어떻게 변화하는지 관찰하여 발표했던 것이 있었습니다.

성인들도 처음 20초는 강사가 무엇을 이야기할 것인가에 대한 기대를 하였고 다음 20초는 강사가 왜 이야기하지 않는가에 대한 놀라움을 가지고 있었고 그 다음 20초는 놀람이 불안, 동요로 변화(질서는 유지됨)가 일어

났고 그 다음 20초는 약간 웅성거리며 그것을 억제하는 소리가 있었습니다. 이런 것을 보아도 성인들 조차 1분도 못 기다리고 떠들기 시작하므로 아이들의 집중력이 약하다고 웃을 수는 없을 것입니다. 정신 집중은 아이에게나 어른에게나 매우 어려운 일이라고 할 수 있습니다.

그런 만큼 정신 집중, 통일에 뛰어난 사람들 중에서 훌륭한 일을 해낸 사람이 적지 않습니다. 어린아이에게 조금이라도 집중력이 생기면 그만큼 지적 능력의 발달, 인격 형성, 정서에 매우 큰 도움이 됩니다.

다른 실험에서도 아이의 주의력이 지속 시간 발달을 조사한 것이 있습니다.

세 살에서 다섯 살 된 아이는 작업 때 48초, 놀 때 48초,

여섯 살에서 일곱 살 된 아이는 작업 때 176초, 놀 때 71초.

연구결과로 보면 세 살에서 다섯 살 된 아이는 그다지 집중력이 없다는 결론을 내릴 수 있지만 일상생활 속에서 아이들을 관찰해 보면 상당히 긴 시간을 한 가지 일에 집중하고 있는 모습을 볼 수 있습니다. TV나 만화 등에는 정신없이 몰두해 어른이 무슨 말을 해도 대답조차 하지 않는 아이가 많습니다. 아이는 좋아하는 놀이라면 30분 혹은 한 시간이라도 열중하여 놀 수 있습니다. 결과적으로 지능놀이 속에서 집중력을 높이도록 하는 부모의 생각이 중

요한 것입니다.

아이는 흥미 없는 놀이에는 결코 집중하려고 하지 않습니다. 아무리 좋은 효과를 기대할 수 있는 유익한 지능 발달놀이라 하더라도 아이가 흥미를 나타내지 않으면 아무런 효과도 없습니다. 아이에게는 좋아하는 사람과 함께 하고 싶다고 하는 잠재 희망이 있으므로 이런 마음을 이용하여 발달놀이에 대한 흥미를 심어 주는 것이 좋습니다.

아이에게 시키고 싶은 놀이를 부모가 직접 재미있게 시범을 보여주면 호기심 덩어리인 아이는 엄마가 무엇을 하고 있나하고 가까이 와서 같이 놀기 시작할 것입니다. 아이가 약간 싫증을 느낄 때 다음 놀이의 힌트를 주면 새로운 흥미에 이끌려서 놀이를 계속할 것입니다.

규칙을 지키게 해야 올바른 아이로 성장합니다.

어린아이에게는 경쟁심이 있습니다. 다른 아이나 누구에게는 지고 싶지 않습니다. 저 사람처럼 되고 싶다는 마음으로, 경쟁심은 아이의 의욕을 높이고 적극적으로 뭔가를 해내려는 태도를 길러 줍니다.

능력이 비슷한 두 학생에게 처음에는 경쟁을 시키지 않고 한글을 숫자로 바꾸어 놓는 연습을 시킨 다음에 둘을 경쟁시켜서 같은 문제를 연습시켰습니다. 처음에 경쟁하지 않았을 때는 발전이 늦었지만 경쟁하게 된 후에는 둘 다 눈부시게 발전하게 되었습니다.

경쟁은 아이의 마음을 자극해 좋은 결과를 낳지만, 자기만 하여 남에게 이기고 싶다는 욕망이 좀처럼 채워지지 못하면 열등감이 일어나서 의욕은 시들어 버리고 맙니다. 그러므로 경쟁을 통해 의욕을 높이려고 한다면 서로 비슷하게 이기고 질 정도의 나이, 능력의 상대를 선택할 필요가 있습니다.

또 부모가 너무 승부에만 치우쳐서 이기는 것만을 강조하면 즐거워야 할 놀이가 아이에게 고통의 씨가 되어 흥미를 상실하니 주의해야 합니다.

트럼프나 주사위 등을 이용한 게임은 승부를 이해하고 규칙을 지키는 정신, 사회성, 협조정신, 공중 의식을 길러 줍니다. 지더라고 참고 다음 기회를 기다리는 인내심이나 극기심, 의지력이 싹틀 것입니다.

게임 도중에 아이들은 성격에 따라서 여러 가지 태도를 보이는데, 계속 진다고 해서 속이거나 그만두거나 울거나 게임을 방해하려고 하는 아이에게는 그냥 봐주거나 일부러 져 주지 말고 승부에는 이길 때가 있으며 질 때도 있다고 가르쳐 주고, 규칙을 지키며 즐겁게 놀면서 다음에는 이기려고 열심히 노력하면 된다고 이해시켜 줘야 합니다.

아이가 혼자서 해야만 성취감에 지능이 확장합니다.

아이가 그림을 그리거나 어떤 모양을 만들거나 놀이에 열중하고 있을 때, 부모의 생각대로 하지 않는다고 해서 간섭하는 것은 올바른 교육법이 아닙니다.

놀이에 열중하고 있는 아이는 시행착오를 되풀이하면서 여러 가지로 생각하여 상상을 넓히면서 떠오르는 이미지를 자유로이 표현해 갑니다. 상식적으로 좋은 모양, 색채, 완성도 등에 조금도 구애받지 않는다. 예를 들면 찰흙으로 만든 개에 꼬리가 없어도 또 코끼리 코가 조금 짧아도 아이에게는 훌륭한 완성품이고 만족할 만한 작품이기 때문입니다.

아이의 상상력 세계는 한 개의 나무 블록이 호화 여객선이 되기도 하고 멋진 열차가 되기도 합니다. 아이는 이야기나 그림세계에 완전히 젖어서 동물이나 이야기 주인공들과 마음으로 대화를 하고 사이좋게 놀고 있습니다.

아이가 정신을 집중하여 스스로 노력하고 있을 때 방해하거나 야단치거나 직접 손을 대서 지도하거나 하면, 아이가 자유롭게 뭔가를 표현하려는 힘이 억제되고 독창적이고 신선한 아이디어가 생겨나는 기회를 짓밟는 경우가 되고 맙니다. 모처럼 자라나는 지능의 가능성의 기회를 잘라 버리는 결과가 되어버립니다.

두뇌 작용이 부드러우며 한 가지 일을 여러 각도에서 생각할 수 있고, 한 가지 방법이 막히면 그 방법에 집착하지 않고 곧 다른 좋은 방법을 발견하여 문제를 해결해 나가는 아이, 지식이나 경험을 살려서 아주 새로운 것이나 기발한 생각, 누구나 깜짝 놀랄 방법을 생각해내는 아이, 여러 가지 아이디어나 계획을 거침없이 발견할 수 있는 아이, 다시 말해서 창조성이 풍부한 아이로 키우려면 아이와 함께 놀아도 손을 대거나 말참견을 금물입니다.

아이를 따뜻하고 끈기 있게 가만히 지켜보면서 아이의 놀이 혹은 행동의 뒤를 좇아가는 태도가 필요합니다.

어릴 때부터 엄마가 아이의 놀이나 행동에 사사건건 간섭하거나 도움을 주면 아이는 늘 수동적으로 놀 수밖에 없습니다.

그런 아이는 누군가가 뭔가를 해주지 않으면 놀지 못합니다. 스스로 뭔가를 만들려고 하지 않으면 창조성을 비롯한 여러 가지 능력은 결코 신장되지 못할 것입니다.

간섭이나 쓸데없는 도움은 아이에게 해보려는 마음을 없애는 큰 원인이며, 협박이나 강요, 질책도 역시 의욕을 없애는 요인입니다. 같이 놀면서 아이가 정말 필요로 할 때만 적절한 조언을 해주는 것이 좋을 것입니다.

chapter 3

우리 아이
지능능력이 쑥쑥 자라는
지능계발

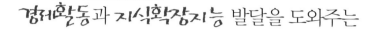

경제활동과 지식확장지능 발달을 도와주는

돈의 구별과 역할

■ 주제 지식 확장이 되요.

■ 우리 아이 이런 지능이 달라져요

돈을 구별하게 하고 화폐의 역할도 가르쳐 사회적응과 경제 활동을 도움을 줍니다.

■ 이런 것이 필요해요

단위별 종이돈과 동전, 금액이 적혀 있는 사물 그림카드 등

❶ 엄마가 자연스럽게 단위별 지폐나 동전을 준비해 하나씩 아이 앞에 놓으면서 "이것은 얼마짜리."라고 인지시킨 다음 지폐나 동전을 다시 보여주면서 "이것은 얼마짜리지?"라고 질문하면 됩니다.

❷ 그리고 그림카드를 준비해 아이 앞에 늘어놓고 어느 정도 돈을 준 다음 그것을 돈에 맞게 구입하게 하면 됩니다.

Point 엄마는 아이가 여섯 살쯤 되었을 때 간단한 심부름으로 단순한 물건을 구입하게 하면서 돈의 단위와 가치를 자연스럽게 알게 해주는 것이 중요합니다.

아이를 야단칠 때 손찌검은 아이의 사고력을 날려버린다.

지금도 어떤 부모들은 아이를 강하게 키운다는 구실로 스파르타식 가정교육을 시키고 있다고 합니다. 모든 부모들은 아이의 교육에 대해 의연한 태도가 필요합니다. 하지만 이것을 다른 뜻으로 잘못 이해해 아이의 변명도 듣지 않고 무조건 손찌검부터 하는 부모들이 많습니다. 이런 부모의 행동은 아이의 두뇌발달에 역효과를 초래할 뿐입니다.

이런 교육의 큰 문제점은 꾸짖는 쪽과 받는 쪽 사이에 그 어떤 커뮤니케이션도 존재하지 않습니다. 감정적인 꾸지람에서 말이 들어가면 아이는 왜 야단을 맞는지를 생각하게 됩니다. 다시 말하면 말 한마디마다 아이 나름대로 반론하겠다는 단서가 붙어있는 것입니다.

그래서 손찌검이 포함된 꾸짖음은 부모의 일방적 행동이기 때문에 반박할 수 없는 육체적 가해일 뿐입니다. 이때 아이는 어른의 힘에 밀려 대항할 수가 없어서 반항이 나타나거나, 발뺌하거나, 울음소리로 대변하게 됩니다. 다시 말해 부모와 아이는 논리적인 대응이나, 이해하려는 노력이 전혀 없기 때문에 커뮤니케이션이 없습니다.

한마디로 커뮤니케이션이 없는 꾸짖음에서 아이는 무엇을 생각해야 될지 헷갈리거나, 생각조차 아예 포기하는 아이로 성장할 것입니다.

지나친 칭찬은 아이의 머리를 망친다.

현대는 과거와 달리 칭찬하는 교육이 성행하고 있습니다. 심리학자들의 연구에 의하면 칭찬은 아이에게 자신감과 적극적인 동기를 부여한다고 발표하고 있습니다.

하지만 지나친 칭찬은 아이에게 도리어 해롭습니다. 심리학자 H. G. 지노트는 "아이가 지나친 칭찬을 받으면 그 찬사에 부적합한 자신을 숨기기 위해 불안에 빠진다"라고 했습니다. 그렇기 때문에 지나친 칭찬은 아이의 두뇌 발달에 좋지 못한 것입니다. 더구나 지나친 칭찬은 아이를 응석받이로 만들어 자발적인 사고가 사라질 것입니다.

배움이란 인간이 죽을 때까지 배우지 않으면 안 된다는 것은 공통적인 생각이다. 그래서 우리나라 교육방법도 좋지만 다른 나라의 교육방법도 한번쯤 생각해도 괜찮다. 다른나라의 교육방법을 보자. 자녀들이 놀 수 있는 시기에는 무엇을 하든지 간에 부모가 간섭하지 않고 마음껏 놀게 한다. 어린 시절에 놀 수 있는 기회를 빼앗아버리면 배움의 길에 들어섰을 땐 놀 수 있는 시간이 없다는 의미다.
아이들의 놀이는 정신형성 과정에서 매우 중요한 역할을 한다. 그것을 빼앗으면서까지 공부만을 강요한다면, 긴 안목으로 볼 때 현명한 방법이 아니다.

언어지능 발달과 지식확장 능력을 도와주는 지능계발

낱말놀이 해 봐요

■ 주제 언어 구사 능력 발달이 되요.

■ 우리 아이 이런 지능이 달라져요

앞 글자가 같은 말을 찾게 하여 말하는 능력을 길러 줍니다.

■ 이런 것이 필요해요

글자가 앞뒤로 인쇄된 종이카드(집에서 만들어 사용해도 됨)

❶ 엄마가 글자 종이카드 중에서 무작위로 한 장씩 골라 아이에게 보여주면서 "이 글자는 어떻게 읽지?" 라고 먼저 묻고 답을 유도하게 합니다.

❷ 이건 '가' 라고 읽는단다. 그럼 '가' 로 시작하는 말이 어떤 것이 있을까? 천천히 생각해보고 두 개만 말해봐." 라며 유도해줍니다. 이때 아이가 머뭇거리면 쉬운 힌트를 제시해주면 됩니다.

❸ 그리고 아이가 말한 낱말에 대하여 뜻과 의미를 자세하게 설명하여 이해시켜 줍니다.

Point 이때 중요한 부분은 동일한 소리로 시작하는 낱말을 다양하게 찾도록 해줍니다.

아이의 지능을 만들기 위해서는 명령형 보다 의문형이 효과적이다.

명령어는 한마디로 커뮤니케이션의 일방통행이라 해도 틀린 말이 아닙니다. 모든 아이들은 부모가 명령한대로 따르겠지만, 이면적으로는 부모의 명령을 모두 이해하는 것은 아닐 것입니다. 단지 아이는 부모가 명령한 것을 반사적으로 받아들이는 것뿐입니다.

그래서 아이의 자연스런 사고를 유도하기 위해서는 명령어가 아닌 의문형으로 유도해 주는 것이 훨씬 효과를 볼 수가 있습니다. 이렇게 한다면 부모의 말이 '하게 한다' 는 강제성보다 스스로 생각해서 행동하도록 유도해주는 힌트가 된다면 아이는 자연스럽게 받아들일 것입니다.

아이에게 부모의 권위를 강요하지 말아야 한다.

부모의 생각대로 아이가 말을 듣지 않는 다고 흔히 "엄마 말 못 들었어!" 라는 권위적인 윽박지름입니다. 이런 상황 속에서 아이는 부모의 말을 따를지는 모르겠지만, 두뇌발달 면에서는 그다지 옳지 않는 것입니다.

그 이유는 부모의 권위로 밀어붙이는 윽박지름은 비논리적인 말의 대표적이기 때문입니다. 이러면 아이는 오직 참고 따르면 된다는 것밖에 배울 수가 없습니다. 만약 이것이 되풀이 되면 아이는 그저 부모의 말에 복종하면 된다는 습관에 빠지면서 자주적인 행동을 잊어버리고 자라게 됩니다.

아이들은 4~5세 때부터 성에 호기심을 가지기 시작한다. 이때부터 부모에게 거침없이 묻는 시기인 것이다. 이런 질문에 부모들은 어떻게 대답해야 할지를 고민하거나 당황하는 경우가 많다. 그렇지만 다른 나라 사람들은 '섹스는 자연이다' 라는 것을 아이들에게 그대로 적용시키고 있다. 성에 대한 질문을 받았을 때 자연스럽고 간단명료하게 말해준다. 성에 대해 호기심이 많을 때 그것을 숨긴다면 오히려 지적성장에 지장을 초래할 수도 있다. 따라서 어릴 때부터 확실한 성교육이 필요하다.

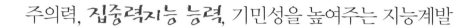

주의력, 집중력지능 능력, 기민성을 높여주는 지능계발

공으로 표적을 맞춰 보세요

■ 주제 운동 능력과 집중력지능이 발달이 향상되요.

■ 우리 아이 이런 지능이 달라져요

운동능력과 신체발달을 키워 체력을 키우고 주의력, 집중력, 기민성을 높여 줍니다.

■ 이런 것이 필요해요

작은 공 10개, 바구니 1개

❶ 바구니를 벽 쪽에 고정시켜 놓고 엄마와 아이가 번갈아 가면서 작은 공을 던져 넣습니다.

❷ 놀이터나 넓은 장소에서 엄마와 아이가 마주보면서 공 던지기 놀이를 해도 됩니다.

❸ 엄마가 바구니를 들고 2m 앞에 공을 놓고 아이에게 공을 가져오게 합니다.

Point 어린이용 농구대를 아이의 키에 맞게 벽에 고정시켜 공을 던져 넣게 하는 것입니다. 하지만 아이 혼자 맡겨 놓으면 싫증을 빨리 느끼기 때문에 반드시 엄마와 함께 놀이하는 것이 좋습니다.

결론을 앞세워 설득하지 말고 냉정한 꾸짖음이 아이의 사고력을 키워준다.

최근에는 스파르타식 교육보다 민주주의 교육에 따라 아이와 소통을 통해 이해시키려는 풍토가 지배적입니다. 이에 대해 장단점이 다양하게 논의되고 있지만, 아이의 지능발달에서는 단점이 많다는 지적입니다.

예를 들면 어른들이 아이의 잘못해 대해 주의를 주었을 때보다 직계 가족인 아버지가 화를 내면서 꾸짖을 때가 자신의 잘못을 진지하게 받아들이게 됩니다.

정말 아이가 나쁜 행동을 했을 때 그에 대해 이해시킨다는 것은 생각보다 어렵습니다. 아이가 왜 그런 행동을 했는지를 알려고 하지만 아이의 능력으로는 어른을 설득시킬 수가 없습니다. 이것을 모르는 채 어른이 아무리 아이를 헤아려서 설득해도 결국 어른의 논리는 강압적일 수밖에 없습니다. 이때 중요한 것은 아이의 잘못해 대한 옳고 그름을 떠나 왜 이럴 경우에는 이것이 잘 못인가를 아이 스스로 깨달게 하는 것이다. 이것을 만들기 위해서는 어설픈 설득을 버리고 화를 내면서 아이에게 냉정하게 대하는 것이 훨씬 효과적입니다. 그렇게 함으로써 아이가 스스로 생각할 수 있는 기회를 줄 수가 있습니다.

가끔 부모의 실수를 아이가 보는 것도 두뇌향상에 유익하다.

어머니의 중요한 역할은 아이의 질문에 답하거나 잘못을 고쳐주는 일입니다. 그렇지만 언제나 어머니가 가르치는 입장을 최선의 방법이라고는 할 수가 없습니다. 그것은 가르치는 것이 최고이고, 가르침을 받는 존재는 보잘것없다는 고정관념일 뿐입니다. 이런 관계가 되면 아이들은 소극적인 자세로 성장할 수밖에 없습니다.

그래서 이 문제를 보완하기 위한 하나의 방법으로써 가끔 부모가 아이 앞에서 실수를 해주는 것입니다. 이것은 어머니가 모든 것을 알고 가르치는 것이 아니라는 것을 알려주고, 이와 함께 아이가 부모의 잘못을 바로잡을 수 있다는 자신감까지 심어줄 수가 있습니다. 그렇게 되면 아이의 두뇌는 자연적으로 향상될 것입니다.

자녀들이 가족의 일원으로 교류하는 최초의 자리가 바로 식탁이다. 그것은 식탁에 둘러앉아 가족전체가 얼굴을 마주보고 앉았을 때 가족이라는 집단의식을 느낄 수 있기 때문이다. 그렇기 때문에 자녀들이 부모와 식사를 함께 하는 것은 동물적인 본능에서 벗어나기 위한 초보훈련인 것이다. 이런 과정을 거치면서 어느 정도 시간이 지나면 비로소 아이에게도 가족의식이 형성되는 것이다.

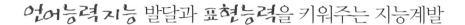

언어능력지능 발달과 표현능력을 키워주는 지능계발

이야기를 만들어 봐요

■ 주제 언어 능력과 표현력 발달이 향상되요.

■ 우리 아이 이런 지능이 달라져요

그림을 보여주고 이야기를 만들게 하여 표현 능력을 길러 줍니다.

■ 이런 것이 필요해요

그림책

❶ 엄마가 그림책을 아이에게 보여주면서 그림이 내포하고 있는 전개내용을 순서대로 말하게 합니다.

❷ 그리고 그림책을 펴놓고 아이가 자신의 상상력을 발휘해 이야기의 내용을 만들도록 유도합니다.

❸ 예를 들면 그림 속의 여우와 토끼가 하고 있는 일, 여우가 토끼를 어떻게 속이려고 하는 지, 토끼가 어떻게 대처하는 지 등에 대해 말하게 합니다.

❹ 아이의 생각을 알아보세요.
1.
2.
3.

Point 그림책 속에 등장하는 각각의 동물들이 보여주는 동작을 엄마가 아이에게 보여주면서 "오늘 너무 기뻐요, 호호호." 라는 식의 구전동화로 관심을 끌게 하는 것도 좋습니다.

심술궂거나 비뚤어진 아이는 대성할 지능을 가지고 있다.

가장 좋은 예들 들면 발명왕 에디슨의 어머니일 것입니다. 에디슨은 어릴 때 남들이 싫어하는 행동만 골라서 했습니다. 더구나 학교공부는 꼴찌를 기록했고 선생님의 말을 잘 듣지 않았습니다. 또한 친구와도 잘 어울리지 않은 특별한 아이였습니다. 그렇지만 에디슨을 이해하고 돌봐준 사람이 바로 그의 어머니였습니다. 그의 어머니는 직감적으로 아들이 관심을 가지고 있는 것이 학교 선생님이나 친구들과 너무나 틀리기 때문이라고 판단한 것입니다.

세계적으로 성공한 인물들을 보면 대부분이 유 · 소년기부터 심술궂거나 특이한 성격을 가지고 있었습니다. 이들은 다른 사람과 동일한 것을 무의식적으로 거부하면서 다른 것을 생각하는 사고적인 패턴이 이미 고정되어 있었던 것입니다. 예를 들면 창조적인 직업에 종사하고 있는 대부분의 사람들은 자신의 의견이 타인과 같으면 적극적으로 대응하지 않습니다.

그렇기 때문에 이런 사람들을 멀리하지 말고 가까이 하면서 지켜보는 것도 좋다고 생각합니다.

아이가 잘못을 저지르는 것은 곧 생각하는 것이다.

어떤 아이가 무엇을 만들면서 도구의 사용법을 몰라 어려움에 있을 때와 올바로 사용하고 있을 때와 비교해보면 전자 쪽에서 머리가 훨씬 활발하게 움직입니다. 올바른 사고의 예를 들어 보면 이미 만들어진 주형에 재료를 넣고 찍어내는 것처럼 정형화된 두뇌활동일 때가 많습니다. 이것을 심리학에서는 '재생적 사고'로 불리고 있습니다. 또 '생산적 사고'는 항상 새로운 정식을 그 자체를 찾는 두뇌활동이기 때문에 많은 잘못이 나타날 수가 있습니다. 그래서 아이가 잘못을 하고 있는 것은 생산적 사고를 하는 것이기 때문에 그대로 내버려둬야 합니다.

어머니가 자녀들을 교육시킬 때 가장 먼저 해야 할 것은 식사 전에 반드시 손을 씻는 습관을 길러주는 것이다. 손을 씻는 것뿐 아니라 자기 몸을 청결하게 하고 단정한 모습으로 사람을 대하는 것은 사회생활에서 빼놓을 수 없는 의무이자 최소한의 예의이다.
따라서 외국사람들은 가정에서는 손을 씻고 식사를 시작할 때까지는 절대로 입을 떼서는 안 된다고 가르친다. 이것은 비단 식사뿐만이 아니라 과학적으로 볼 때 청결에 대한 예방이기도 하다.

지각능력지능과 추리력발달을 키워주는 지능계발

숨은 동물을 찾아봐요

■ 주제 지각 · 추리력 지능이 발달되요.

■ 우리 아이 이런 지능이 달라져요

일부분을 보고 전체를 생각게 하여, 지각 · 추리 · 관찰력 훈련을 합니다.

■ 이런 것이 필요해요

그림책

❶ 엄마가 아이에게 그림책을 펼쳐 보여주면서 "어, 숲 속에 많은 동물들이 숨어 있네요. 여기서부터 어떤 동물인지 하나씩 손가락으로 가리키면서 말해보세요. 그리고 모두 몇 마리나 숨어 있나요?"
라고 질문합니다.

❷ "잘했어요."라며 칭찬을 해주고 다음 페이지를 넘기면서
"이번에 더 많은 동물들이 숨어 있네요." 라고 유도하면서 정확하게 말할 때까지 천천히 유도해 줍니다.
엄마가 최종적으로 숲속에 숨어 있는 동물은 재확인시켜주면 됩니다.

Point 아이가 정확하게 동물 이름을 말하면 엄마는 그 동물에 대한 상세한 특징을 쉽게 이해할 수 있도록 설명해줍니다.

싸움에서 행동보다 말로 이기는 방법을 숙지시킨다.

대부분의 사람들이 의논(상담)할 때 서툰 면이 있는데, 이것은 각자의 주장이 확실하게 갈리지 않고 밋밋하게 진행되면서 애매하기 때문입니다. 이런 의논은 아이에게는 아무런 도움이 되지 못하는 무용지물입니다.

그것은 사물의 이치를 정확하게 판단하는 마음을 성장시키는데 있어서 의논이 매우 중요하기 때문입니다. 물론 아이들이 의논을 할 수 있을 정도의 사고가 없기 때문에 요구하는 자체가 무리일 수밖에 없습니다. 그래서 '프랑스식 아이의 싸움' 을 소개해보겠습니다.

프랑스에서는 한국과는 달리 아이들끼리 싸움을 재미있게 생각하면서 아예 그 자리를 떠나버립니다. 다시 말해 서로를 달래서 화해시키는 것이 아니라 충분하게 말싸움을 할 수 있는 시간을 줍니다. 물론 주먹다짐이 오가는 싸움은 당장 말리는 것은 우리와 같습니다.

이렇게 하면 두 아이는 말에서 이기기 위해 열심히 머리를 굴리면서 떠들어대는 것입니다. 이것은 치밀한 논리나 언어능력의 발달을 가져오게 됩니다. 그래서 행동을 배제하고 언쟁을 벌이도록 기회를 줘야 두뇌가 발전하게 됩니다.

낙서는 창조력을 넓힌다.

오래 전에 미술 선생님에게 들은 이야기입니다. 선생님은 개인 작품 활동을 하면서 학생들을 가르치고 있습니다. 하지만 선생님에게는 특이한 점이 있습니다. 자신에게 그림을 배우길 원하는 아이가 있으면, 먼저 집안을 보여 달라고 말했습니다.

선생님이 집을 방문했을 때 집안이 잘 정리된 모범적인 가정이면 반드시 조건 하나를 내걸었습니다. 그것은 아이가 그림을 배우면서 벽이나 복도에 낙서를 해도 괜찮다는 부모의 허락을 받는 것이었습니다. 이 약속이 허락되지 않으면 선생님은 절대로 아이를 받지 않았습니다. 선생님께서 이렇게 하는 이유는 낙서를 할 수 없는 환경이라면 아무리 애를 써서 가르쳐도 독창적이거나 살아있는 그림이 나올 수 없다는 것이었습니다.

한마디로 낙서는 아이의 창조적인 정신을 일으키기 때문입니다. 더구나 아이는 자유자재로 말을 구사할 수 없는 대신에 그림으로써 마음을 나타냅니다. 이것이야 말로 상상력을 길러주는 좋은 도구입니다.

부모들이 자녀에게 용돈을 준다는 것은 대부분 저축하는 습관을 길러주기 위해서다. 따라서 어린이들은 돈으로 물건을 사는 것이 별로 없다. 거의가 용돈을 아껴 저금하는 것으로 알고 있다.

외국의 아이들이 우리와 다른 것은 조그마한 저금통에 자선용으로 따로 저금하는 마음과, 용돈을 아껴 저축하는 마음가짐이 똑같은 감정에서 출발한다는 것이다.

돈이라는 것은 인간적인 정감과는 약간 거리가 먼 것으로 생각되지만, 실제로는 사용 방법에 따라서 얼마든지 인정이 실린 따스함을 느낄 수가 있다.

판단능력지능 발달과 추리력 발달을 키워주는 지능계발

이상한 그림을 봐요

■ 주제 사고력 지능이 발달되요.

■ 우리 아이 이런 지능이 달라져요

불합리한 부분을 발견하면서 판단력 · 추리력을 길러 줍니다.

■ 이런 것이 필요해요

그림책, 스케치북, 색연필

❶ 엄마가 그림책에 그려진 동물이나 사람을 색연필로 스케치북에 그리면서 아이에게 "엄마가 그리는 그림을 잘 보고 답해보세요."라고 말합니다. 그리고 토끼를 그리면서 한쪽 귀만 그린 다음 "무엇이 없나요? 한번 그려볼까요?"라며 유도해줍니다.

❷ 아이가 토끼 귀를 그려넣기 전에 한쪽 귀가 없으면 생활에 불편함이 있다는 식으로 설명하고 난 뒤 토끼 귀를 그려넣게 합니다. 이런 식으로 동물의 꼬리가 없거나 한쪽 발이 없거나 한쪽 눈이 없는 등등의 비정상적인 그림을 그린 뒤 그것을 그려넣게 하면서 왜 필요한지를 스스로 깨닫게 해줍니다.

❸ 이야기는 줄거리가 없어도 아이가 스스로 상상력을 발휘해 사람이나 동물이나 곤충 등이 무엇을 먹고 사는지, 겨울이나 여름엔 어떻게 생활하고 있는지 등을 이야기 해 줍니다.

❹ '갓을 쓰고 두루마기를 입고 자전거를 타는 아저씨' 와 '맑은 날씨에 비옷을 입고 있는 아저씨' 의 사진을 보여주면서 관심을 기울이게 한 다음 엄마는 상상력을 발휘해 두 그림을 결부시켜 재미있는 이야기를 해줍니다.

Point 엄마의 이야기가 끝난 후 아이에게 재미있는 사진 두 장을 보여주면서 엄마처럼 이야기를 하게 만들면 아이의 상상력 발달에 많은 도움이 될 것입니다.

아이의 중얼거림을 금지시키는 것은 두뇌의 사고활동을 둔화시키는 것이다.

보통 4~5세가 되면 놀이에 집중하게 되는데, 이때 혼잣말로 중얼거림이 많아집니다. 이런 현상을 부모들이 볼 때 아무 뜻이 없는 혼자 중얼거린다고 생각할 것입니다. 하지만 이것은 아이 자신이 생각하고 있는 과정이 입 밖으로 나오는 것입니다. 다시 말해 4~5세의 아이들이 혼잣말로 중얼거림은 생각을 하고 있다는 표현입니다. 그렇기 때문에 시끄럽고 귀찮다며 금지시키는 것은 아이에게 생각을 하지 말라는 것과 같은 것입니다.

인간의 사고활동에서 말이 매개체가 된다는 것은 누구나 알고 있는 사실입니다. 성인은 사고과정이 마음으로 들어가기 때문에 겉으로 분출되지 않습니다. 하지만 4~5세정도의 아이들은 어른처럼 지능이 발달되어 있지 못했기 때문에 생각하는 것이 밖으로 나오는 것입니다. 예를 들면 아이가 책을 읽을 때 음독하는 것도 이런 이유 때문입니다. 아이가 묵독할 수 있는 나이는 7~8세가 되어야 합니다.

이처럼 아이는 지능의 발달에 따라 같은 사고활동이라도 표출하는 방법이 달라지는 것입니다. 그렇기 때문에 아이가 혼잣말로 중얼거리며 놀고 있을 때는 옆에서 방해해서는 안 됩니다.

집안일을 시킬 때 한 손가락 끝을 사용하게 하면 머리가 좋아진다.

과거와 달리 아이들에게 공부에 전념하도록 집안일을 시키지 않는 부모들이 대부분입니다. 옛날에는 부모가 아이의 공부에 대한 관심이 적었던 이유일 수도 있습니다. 하지만 교육열이 높아진 현대사회에서 아이가 낙오되지 않게 한다는 부모의 심정이 앞선 탓도 간과할 수는 없습니다. 이처럼 아이에 대한 부모의 배려는 도리어 아이의 두뇌발달에 역효과가 나타날 수도 있습니다.

그래서 어머니가 부엌에서 식사준비를 할 때 아이에게 거들게 할 경우, 양배추나 대파껍질을 벗기게 하면 손가락 끝이 자연적으로 움직이게 됩니다. 이런 손가락 끝 운동은 뇌를 자극해서 머리를 좋게 하는 것입니다. 그래서 집안의 사소한 일이라도 아이에게 시키면 두뇌발달에 많은 효과를 거둘 수가 있습니다.

사회적응능력과 수학지능 능력을 키워주는 지능계발

시계보기 할까요?

■ 주제 사회생활 능력이 발달되요.

■ 우리 아이 이런 지능이 달라져요

숫자에 대한 개념이나 시간, 시계에 대한 이해를 깊게 해줍니다.

■ 이런 것이 필요해요

연필, 스케치북, 시계그림

❶ 엄마가 아이에게 시계그림 1을 을 보여주면서 "시계그림 좋아하니? 오늘은 시계 보는 방법을 배워봅시다." 라고 말한다. 그리고 그림시계를 엄마가 손으로 가리키면서
"지금 몇 시인지 아니?" 라면서 아이의 대답을 유도해줍니다.

❷ 그리고 시계그림 2, 3, 4를 차례로 보여주면서 동일한 질문을 아이에게 합니다.

❸ 또 짧은 바늘이 없는 5, 6의 시계그림을 보여주면서 "어, 이상하네, 이 시계는 짧은 바늘이 없네. 지금이 오후 1시인데, 짧은 바늘이 어디에 있으면 될까요?" 라면서 연필로 스케치북에 시계를 그리게 하면 됩니다.

Point 집에 있는 자명종 시계를 아이 방에 두고 실제 시간이 어떻게 되는지를 관찰하게 합니다.

만화는 아이에게 상상하게 하는 사고력을 선물한다.

지금도 대부분의 어머니들은 만화가 나쁘다며 금지시키는 경우가 많습니다. 하지만 만화는 TV보급에 따라 아이들의 생활과 밀접한 관계가 있기 때문에 부모가 금지하려고 해도 소용이 없습니다.

만화는 결코 어머니들이 생각하는 것처럼 나쁜 것이 아닙니다. 만화는 아이 자신이 느끼지 못하는 사이에 정확한 관찰력이 쌓이고 있는 것입니다. 예를 들면 겨울왕국만화를 볼 때 주인공의 옷 색깔이나 무기에 따라 그것이 무엇을 나타내고 있는 가를 정확하게 파악하고 있는 것입니다. 이런 관찰력이 커지면 화면 한쪽 구석에 자동차가 나타나면 차종을 바로 맞출 수 있는 것입니다. 이렇게 하지 않으면 재미가 없기 때문에 아이들은 필연적으로 관찰력을 기르게 됩니다. 이것이 자신만의 노하우라고 생각한 아이들은 우쭐거리면서 친구들의 지식과 겨루게 되는 것입니다.

그렇기 때문에 부모는 무조건 만화가 나쁘다며 금하지 말고 아이의 말을 이해하면서 성과를 공유하는 것이 훨씬 좋습니다.

지나친 간섭은 아이의 사고력을 저하시킨다.

어떤 어머니가 매주 5살 된 아이를 데리고 6개월 동안 집에서 가까운동물원에 갔습니다. 동물원에 도착한 아이는 다른 동물보다 펭귄을 유난히 좋아했습니다. 아이는 펭귄 우리 앞에서 오면 스스로 싫증이 날 때까지 몇 시간이건 서 있었고, 이에 어머니는 옆에서 아무 말 없이 기다려 주었습니다. 한마디로 아이가 좋아하는 일을 옆에서 말없이 도와주는 부모의 태도는 아이의 성장에 매우 중요한 것입니다.

아이는 흥미를 끄는 것을 시작으로 성장하게 되는데, 이때 부모가 보이지 않는 곳에서 도와주는 것이 중요합니다. 그래서 아이를 과보호하거나 간섭하는 것은 도리어 아이의 사고발달을 저해하는 것이 됩니다.

부모는 가능한 한 자녀들을 책상에 오래 붙들어 앉히려고 한다. 이것은 짧은 시간에 효과적으로 공부하는 방법을 자녀들에게 가르치지 않고 있다는 의미다. 따라서 부모는 자녀들이 학교에 입학하기 전에 시간을 유효 적절하게 이용하는 방법을 깨우쳐줘야 한다. 예를 들어 식사를 30분 이내에 끝내도록 시간을 정해놓는다. 만약 제한 시간을 지키지 못한다면 사정을 보지 않고 모두 치워버린다. 이렇게 함으로써 시간의 중요성을 알고, 그 시간 안에 식사를 끝마치는 습관이 몸에 밴다.

집중력능력 발달과 주의력지능을 키워주는 지능계발

주의 깊게 들어볼까요?

■ 주제 기억력 발달이 향상되요.

■ 우리 아이 이런 지능이 달라져요

문장을 읽고 내용에 대해서 물어서 기억력, 집중력, 주의력을 길러 줍니다.

■ 이런 것이 필요해요

꽃그림

❶ 엄마가 아이를 옆에 앉힌 다음 그림을 보여주면서 "어머, 예쁜 꽃들이 많이 그려져 있네. 네가 좋아하는 ㅇㅇ꽃, ㅇㅇ꽃 등이 있네. 조금 있다가 엄마가 네가 좋아하는 꽃을 물어볼 게요." 라면서 그림을 접은 다음
"지금부터 엄마가 물어볼게요. 네가 좋아하는 꽃들이 무엇인지 말해 봐요."라면서 물어봅니다.

❷ 그런 다음 다른 내용의 동화책을 함께 보면서 "어느 날 철수와 영희는 엄마를 따라 백화점에 갔습니다. 엄마는 철수에게 야구공과 글러브를 사주었고 영희에게는 그림동화책과 못난이 인형을 각각 사주었습니다. 세 사람은 백화점 패스트푸드에 가서 어묵과 떡볶기도 먹었습니다. 그리고 전철을 타고 우리 집으로 돌아왔습니다."라고 들려줍니다.

❸ 동화책 읽기가 끝난 후 다음과 같은 질문을 이아에게 묻고 정답은 손으로 짚게 합니다.
- 철수는 어디에 갔나요?
- 백화점에 누구랑 함께 갔나요?
- 엄마가 철수에게 사주신 것은 무엇일까요?
- 영희에겐 무엇을 사주었을까요?
- 페스트 푸드에서 세 사람은 무엇을 먹었나요?
- 집으로 돌아올 때 무엇을 타고 왔나요?

Point 엄마는 아이에게 실제로 백화점에 함께 갔을 때 기억을 이야기해주면 됩니다.

아이의 지적인 자극을 위해서는 저녁뉴스가 도움이 된다.

동서양을 막론하고 저녁식사 시간은 온 가족이 즐겁게 모이는 때입니다. 이때 아이들의 이해를 돕는 화제 거리로 저녁뉴스를 이용해 지적자극을 해주면 효과가 있습니다. 예를 들면 사회문제나 문화적인 것들입니다. 물론 아이들이 100%를 소화한다는 것은 무리지만, 50%정도를 이해하려는 노력이 더 중요하기 때문입니다. 이때 뉴스의 내용 중 화제 거리를 삼아 부모가 질문하고 아이들이 의견을 제시하게 하면 표현능력 향상에 많은 도움이 될 것입니다.

미국의 존 F. 케네디 대통령 가문을 예로 들어보겠습니다. 9명의 자녀를 둔 케네디 어머니인 로즈부인은 저녁식사 때를 지적훈련의 장으로 활용했던 것입니다. 로즈부인은 식당입구에 걸어놓은 게시판에 그날의 뉴스를 오려서 붙여놓았습니다. 저녁식사 중 로즈부인은 아이들에게 뉴스에 대한 의견발표를 요구하면서부터 습관이 되었다고 합니다. 이것으로 인해 대통령이 배출되었고 3남 로버트는 법무장관, 4남 에드워드는 상원의원이 되었습니다.

웃음이 많은 집의 아이들이 두뇌가 좋다.

어떤 대학에 우수한 제자를 길러낸 유명한 교수가 있었습니다. 그 교수의 주재로 열린 연구회의가 엄숙한 분위기가 아니라, 처음부터 끝까지 웃음 속에서 진행되었습니다. 회의가 자유분방하게 열리면서 농담이 오고가거나, 다른 사람의 발언을 헐뜯거나 하면서 웃는 분위기가 지속된 것입니다.

여기에서의 특이한 점은 농담사이사이에 의견들이 오가는 것이었습니다. 연구 주제에 참가한 사람들의 의견이 시간이 갈수록 날카로워졌던 것입니다. 그러면서 참신한 견해와 기발한 아이디어들이 자유로운 대화 가운데서 정리되고 메모되고 있었습니다. 이런 분위기에서 뛰어난 젊은 인재가 배출되었던 것입니다.

이것은 한마디로 웃음이 마음과 머리의 긴장을 풀어주면서 창조력을 높여준 것이었습니다. 이처럼 웃음은 뇌의 발달이 왕성한 아이들에게는 큰 효과를 주는 것은 틀림없습니다.

자녀들에게 어릴 때부터 정해진 순서와 시간 안에 일을 끝마치는 습관을 길러줘야 한다. 예를 들면 자녀들이 학교에서 귀가하는 즉시 숙제 등을 모두 끝내고, 그 다음 목욕을 한 후 새 옷으로 갈아입는 것 등이다. 이런 습관은 자녀들이 매일, 매주시간과 승부를 하고 있는 것이나 다름없다.

이것은 자녀들이 시간의 중요성을 거의 생리적으로 이해하게 될 것이다. 한마디로 시간에 대한 규율이 삶의 전부라는 것을 알도록 해야 한다. 그래야만 자신에게 주어진 짧은 인생을 가장 효율적으로 살아가는 방법을 고심할 것이다.

사고력지능 능력 발달과 추리력을 키워주는 지능계발

수수께끼 놀이 해 볼까요?

■ 주제 사고 능력 발달되요.

■ 우리 아이 이런 지능이 달라져요

수수께끼를 알아맞히게 하여 추리력을 길러 줍니다.

■ 이런 것이 필요해요

수수께끼

❶ 쓰면 쓸수록 짧아지는 것은 무엇일까요?
(몽땅 연필)

❷ 아빠는 남자, 엄마는?
(여자)

❸ 아무리 먹어도 배가 부르지 않는 것은 무엇일까요?
(나이)

Point 엄마가 아이의 눈을 쳐다보면서 재미있고 일상생활과 밀접한 수수께끼 놀이를 하면 됩니다.

자신의 신체를 조절하는 능력과 집중력지능을 길러주는

도넛을 먹어보자

■ 주제 자신의 신체를 조절하는 능력과 집중력을 길러줘요.

■ 우리 아이 이런 지능이 달라져요

도전적인 정신을 키워주며 경험을 통해 긴장을 완화시키고 정서적 안정감과 상호간의 친밀감을 증진시켜줍니다.

■ 이런 것이 필요해요

구멍이 있는 작은 도넛이나 양파링과 같이 가운데 구멍이 있는 과자 등

❶ 작은 구멍이 있는 작은 도넛 둥근 모양의 과자를 준비합니다.

❷ 아이에게 지금부터 자신이 도넛을 입어 넣어 줄 것이니 가운데 둥근 모양이 깨지지 않게 주변을 베어 먹으라고 이야기 합니다.

❸ 구멍이 잇는 도넛을 들어 아이의 입에 넣어주고 아이는 엄마나 아빠가 잡아준 과자를 조심스레 베어 뭅니다.

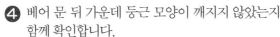

❹ 베어 문 뒤 가운데 둥근 모양이 깨지지 않았는지 함께 확인합니다.

Point

아이가 도넛을 깨지지 않게 먹는 과정 속에서 자신의 신체를 조절하고 집중하는 능력을 기르며, 자신감과 성취감을 맛볼 수 있는 기회가 됩니다.

유아어를 오랫동안 사용하면 발육이 늦어진다.

보통 아이들을 보면 가끔 말을 더듬거릴 때가 있습니다. 이것은 언어능력이 부족해 발음과 발성기능이 훈련되지 않았기 때문입니다. 이럴 경우 부모가 아직 어려서 그렇다며 방치시킨다면 두뇌발달에 큰 문제가 생길 수 있습니다.

아이의 사고능력은 모든 사물에 각각의 이름이 있고 그것으로 명확한 개념을 익히면서 단련합니다. 그렇기 때문에 아이의 더듬거림에 부모가 따라 흉내를 내거나 방치한다는 것은 발전이 아니라 도리어 유아단계로 퇴보시키는 것입니다.

따라서 부모는 처음부터 적극적으로 유아어를 금지시키는 것이 훨씬 효과적입니다. 이때 유아어를 금지시켜 말하는 기쁨을 알게 하여 올바른 말을 자연스럽게 들려주면 자연적으로 해결됩니다.

집에 다양한 책을 갖춰 놓는다.

어떤 유명인사의 집 책장에는 전문서적과 아이들의 책들이 가득했습니다. 자신이 지식을 쌓기 위해서 구입한 책이 대부분이었지만, 이 책장을 많이 이용하는 사람은 다름 아닌 아이들이었습니다.

아이들은 유명인사의 책장에서 아동서적 외에 처음 보는 사전을 펼치거나 다른 책장을 넘기면서 눈으로 책을 읽었던 것입니다. 다시 말해 아이들은 어떤 환경만 주어진다면 부모의 강요가 없어도 자연적으로 공부라는 것을 스스로 터득하게 되는 것입니다. 만약 아이에게 독서습관을 길러주려고 한다면 집안에 책을 갖춰놓는 것도 좋습니다.

아이들을 때린다는 것은 야만적인 행위다. 따라서 자녀들이 잘못을 저질렀다고 해도 매를 들지 않는 것이 일반적인 경향이다. 그러나 잘못을 저지르는 자녀들의 마음을 바로잡는 수단이라면 야만적인 행위라는 말이 틀린다.
자신의 신념에 자신감이 없어 자녀들을 어정쩡하게 다스리는 부모가 자녀들에게 신념 있는 인간으로 성장해줄 것으로 믿는다면 착각이다. 한마디로 부모로서의 자격이 없는 것이다.

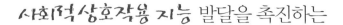

사회적 상호작용 지능 발달을 촉진하는

모양을 맞춰볼까요?

■ 주제 사회적 상호작용을 촉진하며 상호간의 친밀감을 증진시킬 수 있어요.

■ 우리 아이 이런 지능이 달라져요

아이 입 속에 있는 맛과 향을 맞추는 흥미있는 경험을 통해 자신감을 기르고 상호작용을 통해서 친밀감을 증진시키는 효과가 있다.

■ 이런 것이 필요해요

향과 맛이 다른 과일 젤리나 과일, 스카프, 손거울 등

❶ 스카프나 아이 눈을 가릴 수 있는 천으로 아이의 눈을 가려줍니다.

❷ 과일 젤리 하나를 아이에게 향을 맡아 보도록 하고 무슨 향이 나는지 묻습니다.

❸ 입에 넣어 주면서 씹지 말고 혀로 입에 들어간 젤리가 어떤 모양인지 이야기 해 보도록 합니다.

❹ 아이가 과일 이름을 말하면, 눈을 가렸던 스카프를 들어올리고, 손거울로 아이의 입에 있는 과일 젤리를 확인하게 하여 줍니다.

❺ 입에 있는 과일 젤리를 모두 먹고 나면 다음에 다른 맛의 과일 젤리나 과일로 반복합니다.

Point

아이가 스카프로 눈 가리는 것을 두려워할 경우 눈을 감고 아이의 손을 잡고 아이 입에 넣을 과일 젤리를 먹어보도록 합니다.

아이에게 정리정돈을 시키면 판별능력이 향상된다.

정리정돈에 대해 어른들은 습관이 되어 있어서 잘 느끼지 못하지만, 아이들은 질서정연한 정리정돈에 대한 호기심은 매우 높습니다.

첫째 이유는 정리정돈 된 사물에 대해 아이들이 손을 대어서는 안 되기 때문이고, 둘 째 배열이나 분류에 대한 의미를 새롭게 발견했기 때문이다.

예를 들면 책이나 식기의 정리정돈을 아이에게 시키는 것은 식별능력을 길러주는데, 매우 효과적입니다. 그것은 책이나 식기는 동일하게 보일지 모르지만 하나하나가 모여 그룹을 이루고 있는 것에는 미묘한 차이가 있기 때문입니다.

연필이나 종이와 친하게 하면 글씨나 그림을 좋아하게 된다.

대부분 아이들은 부모의 전문성을 따라가는 경우가 많습니다. 예를 들면 화가의 자녀는 어려서부터 그림을 잘 그리고, 작가의 자녀는 어려서부터 글자를 빨리 익힙니다. 이것은 아이가 천부적으로 타고난 것이 아니라 환경적으로 연필이나 그림도구가 신체 가까이에 있었기 때문입니다.

따라서 작가나 화가의 자녀가 아니어도 종이나 필기도구가 아이의 주변에 있으면 이것으로 인해 그림이나 글자를 일찍 알게 되는 것입니다. 이에 따라 부모는 억지로 아이를 영재교육에 투입하지 말고 자연적인 환경을 만들어주는 것이 중요합니다.

자녀들에게 협박 조로 말하는 것은 용서하는 것도 벌을 주는 것도 아니다. 다만 자녀들의 마음속에 불안감만 잔뜩 심어줄 뿐이다. 부모의 미지근하고 불확실한 태도나 말의 이면에는 자녀들에 대한 협박이 포함되어 있는 것이다. 협박이란 부모가 자녀들의 잘못에 대한 명쾌한 결단을 내리지 못하는 데서 생기는 초조감이 변질된 것이다.
전부는 그렇지 않겠지만 가끔 어머니들의 잔소리가 자녀들의 행동에 큰 걸림돌이 될 수도 있다. 다시 한번 자녀들을 위한다면 생각해볼 필요가 있다.

자신감과 도전정신을 키워주는

어느 손일까요?

■ 주제 상호간의 친밀감을 증진시킬 수 있어요.

■ 우리 아이 이런 지능이 달라져요

숨겨진 물건을 맞추는 흥미있는 경험을 통해 자신감을 기르고 성인과 상호작용을 통해서 친밀감을 증진시키는 효과가 있습니다.

■ 이런 것이 필요해요

과자나 동전, 작은 인형(또는 장난감)

❶ 엄마와 아이가 마주 앉습니다.

❷ 엄마는 아이에게 과자나 작은 인형을 보여 주며, 자신의 두 손 중 하나에 넣을 테니 어느 손인지 맞춰 보도록 합니다.

❸ 엄마는 두 손을 뒤로 하고 두 손 가운데 하나에 물건을 숨깁니다.

❹ 다시 두 주먹을 앞으로 하고 아이에게 어느 손에 물건이 들어 있는지 맞춰 보도록 합니다.

Point 자신감이 매우 없는 아이와 활동할 때는 양손에 서로 다른 물건을 숨겨서, 아이가 어느 손을 선택해도 그것이 빈손이지 않게 합니다. 이는 아동이 좌절감을 맛보고 놀이에 흥미를 잃지 않도록 하기 위한 것입니다.

도전적인 경험을 통해 자신감과 성취감을 길러주는

신문지에 주먹을 날려요

■ 주제 부정적이고 공격적인 감정을 해소할 수 있어요.

■ 우리 아이 이런 지능이 달라져요

신문지를 뚫을 때 쾌감과 성취감을 맛볼 수 있으며, 도전활동을 통해 자신감과 즐거움을 경험할 수 있습니다.

■ 이런 것이 필요해요

신문지나 커다란 광고지

❶ 신문지 한 장을 양손으로 펼쳐 들고, 아이에게 신문지의 가운데를 주먹으로 쳐 보도록 합니다.

❷ 신문지가 뚫어지면 박수로 격려하고, 한 장 더 실시해 봅니다.

❸ 다음에는 신문지 두 장을 포개어 위와 같은 활동을 해 보도록 합니다.

❹ 신문지의 장수를 늘려가며 활동의 난이도를 조정합니다.

❺ 아이가 신문지를 뚫을 수 있는 정도까지만 신문지 장 수를 늘리도록 합니다.

Point

신문지 펀치를 끝낸 후에 남은 신문지 조각을 다시 잘게 찢어 보도록 합니다. 찢어진 신문지 조각을 뭉쳐 공놀이를 해 봅니다.

아이의 탐구심에는 애완동물이 최고다.

어떤 대학의 심리학과 교수는 일부로 개와 고양이를 비롯해 심지어 침팬지까지 기르고 있습니다. 이 교수는 애완동물을 그다지 좋아하지 않았지만, 아이들이 동물을 좋아해 기르기 시작했다고 합니다. 1년이 지난 후 그 교수는 애완동물이 아이의 지적발달에 효과가 있다는 사실을 알게 되었습니다.

이후부터 그 교수는 일부러 아이에게 동물을 기르게 하면서 조건으로 모든 것은 책임져야 한다고 덧붙였습니다. 그러자 아이는 동물의 식사를 책임지고 인간에게 반드시 필요한 친절과 동정심 등 감정이 넘쳐났습니다. 또한 사물에 대한 탐구심까지 활발해지면서 어른도 알지 못했던 동물의 생태를 지적하는 경우도 있었습니다. 더구나 가장 기뻤던 것은 학교성적이 향상되었던 것입니다.

물론 애완동물을 키운다고 아이들 모두가 이렇게 된다는 것은 아직까지 증명된 것은 없습니다. 이 경험으로 볼 때 아이들이 애완동물을 기르길 원하면 부모는 일체의 참견을 하지 말고 맡기는 것이 좋습니다. 그러면서 학습의 일환으로 동물을 관찰하고 기록하게 한다면 아이의 지적발달에 많은 도움이 될 수 있습니다.

놀이의 자발성이 무엇보다 중요하다.

아이들이 즐거워한다는 것은 아이들의 자발성이 100% 발휘된다는 것을 뜻합니다. 그렇기 때문에 학습에서 이런 자발성이 매우 중요하다고 생각합니다. 예를 들면 아이가 공부할 때 몸에 익히는 것은 자발적인 것입니다.

그렇지만 아이가 아무런 의미도 없이 부모의 말에 따라 학교에 다니는 것은 아무것도 할 수 없다는 것을 의미합니다. 그래서 아이에게 어떻게 해야만 스스로 공부할 수 있게 만드느냐가 관건입니다. 그러기 위한 동기부여로 성공하면 상을 주고 실패하면 벌을 주면 된다고 생각합니다.

특히 아이들의 머리를 총명하게 만드는 조건은 아이들이 가지고 있는 다양한 능력의 기초를 조성하는 것입니다. 그러기 위한 최선의 방법은 아이들이 즐기면서 배우는 것인데, 이것은 놀이를 통하면 쉽게 이뤄질 것입니다.

신체의 건강 못지 않게 중요한 것이 바로 마음의 건강이다. 이것은 육체에 비교하면 찌뿌듯한 상태에 빠지지 않는 상태를 말한다. 자녀들을 솔직하고 그늘지지 않는 마음씨의 소유자로 키우는 것이 중요하다. 그러려면 자녀들을 억누르지 말고 솔직하고 명쾌한 태도로 대해야 한다.
격언에 '자녀들을 협박해서는 안 된다. 벌을 주든 용서하든 둘 중에 하나밖에 없다' 라는 말이 있다. 이것이야말로 자녀들 마음에 건강을 심어주는 최상의 조언인 것이다.

균형감각과 협응 능력을 발달시키는

선 따라 걸어봐요

■ 주제 구조의 경험을 통해서 신체조절능력과 집중력을 길러줘요.

■ 우리 아이 이런 지능이 달라져요

위축아이에게 도전적인 경험을 통해서 자신감과 성취감을 얻을 수 있는 효과가 있으며 과잉행동아이에게는 집중력과 구조의 경험을 갖는 효과가 있습니다.

■ 이런 것이 필요해요

색 테이프, 가위

❶ 색 테이프로 바닥에 선을 그립니다.

❷ 바닥에 그린 선 중에서 처음에는 직선으로 시작하다 점차 다양한 모양으로 변화를 주도록 합니다.

❸ 아이에게 그 선을 따라 걸어보도록 합니다.

❹ 나중에는 머리에 쿠션을 올려두고 걸어보도록 하거나, 한 발로 걸어보도록 합니다.

Point 여러 선 가운데 일부는 벽과 평행을 이루도록 그려서 아이가 벽과의 거리감을 느끼며 활동에 참여할 수 있도록 배려합니다.

나쁜 환경을 걱정하지 않아도 된다.

아이들의 지능향상에 환경이 무엇보다 중요하다고 말하면 부모들은 자신의 아이가 처해있는 환경에 대해 의심부터 할 것입니다. 예를 들면 아이에게 더 조용한 방이 필요하다거나, 더 일찍 외국어를 배우게 하는 등의 인위적인 환경조성이 부모의 임무라고 생각할 것입니다.

하지만 이와 같은 부모의 지나친 환경은 도리어 아이의 지능발달에 장해물이 되는 경우도 많습니다.

더구나 부모들의 시기심으로 아이들은 지능발달에 오히려 혹사를 당하고 있는 것입니다. 예를 들면 옆집 아이가 수영을 배우면 내 아이도 수영을 배우게 하고, 아이 친구가 미술학원에 다니면 내 아이도 학원에 보내는 것을 말합니다. 한마디로 부모의 경쟁심으로 아이는 지능발달은커녕 도리어 마이너스 효과만 있을 뿐입니다.

따라서 이런저런 사정으로 아이를 가르칠 수 없다고 걱정할 필요가 전혀 없습니다. 다시 말해 지나치게 완벽한 환경은 오히려 역효과가 생길 가능성이 높기 때문에 하지 않는 것이 좋습니다.

따라서 현재 부모들은 지금의 환경에서 떳떳하게 가르치는 것이 더 현명한 판단이라고 생각합니다. 그래서 부모가 어떤 환경에 처해있든 아이가 하고자 하는 의욕을 길러주기만 하면 됩니다. 그렇기 때문에 부모의 태도에 따라 좋은 환경자체가 극과 극으로 나눠질 수가 있습니다.

자녀들이 잘 못했을 때 어떤 벌을 줄 것인가 하는 것은 가정교육의 핵심이다. 그렇다면 어떻게 어떤 벌을 주면 가장 효과적일까? 자녀들이 관여해서는 안 될 일에 나섰을 때 말로써 꾸짖는 경우와 심하면 매질을 할 경우도 있다. 한마디로 벌이란 어느 정도 잘 잘못을 했는지를 깨닫게 해주는 것이다. 벌은 미워서가 아니라 예방적인 차원에서 절대 필요하다. 그러나 이것을 잘못 다스리면 오히려 버릇없는 아이로 자랄 수도 있다.

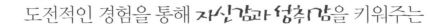

도전적인 경험을 통해 자신감과 성취감을 키워주는

공을 굴려봐요

■ 주제 자신의 신체를 조절하고 집중시킬 수 있는 능력이 생겨요.

■ 우리 아이 이런 지능이 달라져요

자신의 신체를 조절할 수 있는 근력을 키우고 도전적인 경험을 통해 성취감을 맛볼 수 있는 효과가 있습니다.

■ 이런 것이 필요해요

둥근 비치볼, 부드러운 담요

❶ 부드러운 담요에 아이를 눕힌 뒤 다리를 하늘을 향해 올리도록 합니다.

❷ 아이의 발 위에 공을 올려주고 떨어뜨리지 않도록 합니다.

❸ 아이가 공을 균형있게 잘 가지고 있는다면, 이번에는 공을 살짝 차보라고 합니다.

❹ 부모는 아이가 차 올린 공이 너무 멀리 가지 않고 아이의 발 위에서 잘 구를 수 있도록 손으로 조절하여 줍니다.

Point 어린 영아의 경우에는 잘 하지 못할 수도 있는데 그 때는 부모가 아이의 발목을 부드럽게 잡고 약한 도와주어 자연스럽게 터치하면 성취감을 고조시킬 수 있습니다.

어른과 아이의 놀이는 각기 다르다.

옛날이나 지금이나 놀이라는 말은 일과는 반대되는 단어이기 때문에 사람들이 별로 좋아하지 않았습니다. 다시 말해 놀이라는 것은 도피나 기분전환, 쓸데없는 것에 정력을 낭비하는 등의 의미도 있습니다. 그러나 놀이에는 의식이나 습관에서 탈피하는 자유라는 것이 있습니다.

아이들에게는 모든 학습이 놀이에 포함되어 있습니다. 하지만 공부와 놀이를 구분한 것은 어른들이 생각해낸 것입니다. 그렇기 때문에 아이들에게는 공부와 놀이가 구분되지 않습니다.

그래서 아이들의 지적개발은 아이가 흥미를 느끼고 즐기는 방법이 중요합니다. 이에 따라 아이들이 원하는 놀이를 재검토해 보면 거기에는 적절한 효용가치를 반드시 발견할 수가 있습니다.

어떤 유아개발업체의 예를 들어보면, 아이에게 연극이나 뮤지컬을 시키면서 영어대사를 익히게 했습니다. 그러자 아이들은 소도구를 가지고 연기하면서 영어대사를 하는 동안 자연적으로 영어발음까지 익숙해져 대사의 의미도 알 수 있게 되었습니다. 이것은 즐기면서 영어회화와 친숙했기 때문입니다.

이것은 우리들이 일상에서 경험한 것으로 같은 노력이라도 일과 놀이에 따라 결과가 전혀 달라지는 것입니다. 예를 들면 경사진 곳에서 일을 한다면 힘들겠지만, 산책이나 등산을 한다면 힘들지 않게 걸어갈 것입니다. 다시 말해 이것은 인간심리에 속하는 것이기 때문에 아이들의 학습에 이것을 응용하면 좋을 것입니다.

자녀들을 꾸짖거나 타이를 때 절대로 다른 것과 결부시켜서는 좋지 못하다. 가정교육은 부모와 자식사이의 관계이기 때문에 환경에 맞느냐 맞지 않느냐 외엔 다른 말이 필요 없다. 자녀들을 교육하는 것은 부모들이다. 따라서 부모는 자녀들에 대해서 모든 책임을 지고 있다. 이것은 한마디로 부모로서의 책임을 완수하기 위한 하나의 수단이다. 특히 자녀들을 꾸짖을 때는 절대적인 의미가 내포되어야 한다. 그렇기 때문에 다른 이유를 둘러대는 것은 부모로서의 책임을 회피하는 것이다.

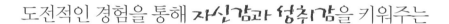

도전적인 경험을 통해 **자신감과 성취감**을 키워주는

풍선공을 받아봐요

■ 주제 자신의 신체를 조절하고 집중시킬 수 있는 능력을 길러줘요.

■ 우리 아이 이런 지능이 달라져요

풍선을 수건이나 보자기로 치는 것은 손으로 치는 것과 달리 더 많이 뛰어야 풍선이 튀어 오르게 되므로 활동적인 경험을 제공할 수 있으며, 특히 위축된 아동에게 최선을 다하여 도전하는 경험을 제공할 수 있습니다.

■ 이런 것이 필요해요

보자기나 수건, 풍선

❶ 엄마와 아이가 보자기를 펼쳐 맞잡습니다.

❷ 엄마는 그 위에 풍선공을 올리고, 둘이 함께 신호(하나불셋이나 눈신호 등)를 만들어 신호에 맞춰 풍선공을 위로 띄워 올려보도록 합니다.

❸ 풍선을 보자기로 쳐서 올린 후 내려오면 다시 치는 것을 반복합니다.

❹ 부모가 보자기를 허리에 묶고, 아이에게 풍선공을 건네 줍니다.

❺ 아이가 풍선공을 던지면 부모는 보자기로 공을 받는 놀이를 반복합니다.

Point 풍선을 칠 때 '으라차차' 등의 탄성을 지르고, 받을 때 '오~' 등의 감타사를 내면 더욱 아이가 더 신이나서 재미있게 할 수 있습니다.

사회생활 적응 능력을 키워주는 지능계발

예절 바른 아이입니다

■ 주제 사회생활 능력 발달되요.

■ 우리 아이 이런 지능이 달라져요

일상생활에서 좋은 습관과 예절을 익힙니다.

■ 이런 것이 필요해요

일상생활에서의 칭찬

평범한 아이를 위대하게 키우는 엄마의 센스 지능*Up Play*

엄마가 일상생활에서 일어나는 다양한 상황에 대처하는 방법을 아이에게 가리켜주면서 이를 이행한 보답으로 칭찬해주고 이것으로 착한 아이가 된다는 것을 설명해줍니다.

❶ 전철이나 버스를 탔을 때

❷ 유치원에서 친구와 놀이를 할 때

❸ 엄마와 함께 동화책을 읽을 때

❹ 엄마아빠와 함께 밥을 먹을 때

❺ 놀이터에서 친구들과 놀다가 집으로 돌아왔을 때

Point 아침에 일어났을 때와 유치원에서 친구들과 간식을 먹을 때 등의 상황 대처 방법을 가르쳐 줍니다.

머리는 사용하면 할수록 총명해진다.

모든 기계는 사용하면 할수록 마모되면서 성능이 떨어져 감가삼각비라는 것이 적용됩니다. 하지만 사람의 두뇌는 기계와 달리 사용하면 할수록 무한대로 성능이 더더욱 향상되는 것입니다.

사람의 두뇌는 약 140억 개의 뇌세포로 이뤄져있는데, 이 중 단 5%만 사용되고 95%는 사용되지 않는다고 합니다. 어떤 부모들은 아이의 뇌가 적기 때문에 많은 지식이 들어가면 터진다고 걱정하기도 합니다. 이것은 잘못된 상식으로 어린아이나 어른이나 뇌의 쓰임은 동일합니다.

차라리 아이가 머리를 사용하지 않아서 도리어 머리가 나빠지는 경우가 더 많다는 사실을 알아야 합니다. 더구나 이로 인해 두뇌발달이 정체되거나 노화현상 등이 발생하기도 합니다.

그렇다고 무조건 아이에게 주입식교육을 시키는 것보다 아이 스스로 머리를 좋아지게 하는 방법도 많이 있습니다. 그 방법 중 하나가 바로 아이들의 놀이입니다. 한마디로 어머니에게 약간의 이론과 아이디어와 노력이 있다면 단순한 놀이로도 아이의 머리를 좋게 만들 수가 있습니다. 이것이 바로 부모의 의무인 것입니다.

아이가 놀이에 집중할 때는 부모의 조언은 오로지 잡음일 뿐이다.

두뇌가 훌륭한 가능성을 가지고 있어도 어떤 대상에 대한 집중력이 없다면 움직이지 않습니다. 그렇기 때문에 어릴 때부터 사물에 대한 집중력을 길러주는 것이 매우 중요합니다.

하지만 이럴 때 좋지 못한 단점 하나가 있는데, 그것은 아이가 놀이에 집중할 때 부모가 무의식중에 던지는 조언이나 질책입니다. 왜냐하면 아이가 아무 말 없이 어떤 놀이에 집중할 때는 아무리 좋은 말이라도 집중력을 흐트러트려 마음까지 산란해지기 때문에 아이에게는 오직 잡음일 뿐입니다.

TV를 흔히들 바보상자라고 한다. 대량으로 보급화 된 TV의 역기능으로 인해 폭력장면을 모방한 사람들의 탈선 이야기가 신문매체를 통해서 전달되고 있다. 그렇지만 아이들을 텔레비전의 역기능으로부터 안전하게 보호할 수 있는 방법이 있다. 어린이프로그램만을 시청할 수 있도록 습관화 시켜야 한다.

만약 아이들이 어른 프로그램을 보고 있으면 아무 소리도 하지말고 스위치를 꺼버리면 된다. 그러면 폭력장면을 볼 수가 없을 것이다. 하지만 내용이 폭력적이라도 다큐멘터리는 예외가 되어야 한다.

지각능력지능 발달과 주의력을 키워주는 지능계발

글자를 구별해 봐요

■ 주제 지각 능력 발달되요.

■ 우리 아이 이런 지능이 달라져요

같은 글씨를 발견시켜 지각, 관찰력, 주의력을 높여 줍니다.

■ 이런 것이 필요해요

스케치북, 크레파스

❶ 알파벳 5개를 무작위로 골라 스케치북에 글자 크기나 상하좌우 위치에 관계없이 3개씩 크레파스로 씁니다.

❷ 그런 다음 아이에게
"자~, 똑같은 글자끼리 선으로 이어보겠니?."
라는 질문과 함께 동일한 글자를 이을 때 각자 다른 색을 선택하여 잇게 합니다.

❸ 아이가 동일한 글자를 찾아 선으로 잇고 나면 엄마는 글자의 소리를 읽어주면서 따라하게 합니다.

Point 아이의 발달 에 맞게 영어 알파벳 외에 한글이나 숫자로도 하면 지능이 쑥쑥 발달합니다.

아이가 그린 그림의 소재를 물어야 한다.

아이들은 대부분 3세에서 6세 사이에 그림을 그리기 시작하면서 단계적으로 그림의 이름을 말하게 됩니다. 다시 말해 그림을 그리기 전에 정확하게 무엇을 그릴지 알지 못하는 때에는 그림을 완성한 다음이나, 그리면서 이름을 붙인다고 합니다.

더구나 이런 단계에서 그린 그림을 어른들이 보면 무엇을 그렸는지 잘 알 수가 없습니다. 하지만 어른들과는 달리 아이 나름대로는 분명한 의미가 들어있는 것입니다. 다시 말해 이것은 아이가 자신의 내부에 들어있는 표현할 수 없는 그 어떤 이미지를 그림으로 서툴게 표현한 것입니다.

그렇기 때문에 아이가 그린 그림이 도무지 이해할 수 없는 것이라도 부모는 아이에게 칭찬해주면서 무엇을 그렸는지를 반드시 물어봐야 합니다. 이런 질문을 받은 아이는 난생 처음으로 막연하게 생각하고 그린 그림에 대해 자신감 있게 말할 것입니다. 더구나 자신이 그린 그림에서 새로운 의미를 발견할 수 있을 것입니다. 또한 자신의 그림에서 명백한 이미지까지 갖추게 됨을 어른들이 알아야 합니다.

숫자를 안다고 이해하는 것은 아니다.

아이가 수를 셀 줄 안다고 수학천재이니 수학신동이니 하면서 자랑하는 부모들을 주변에서 가끔 볼 수가 있습니다. 물론 부모가 아이의 가능성을 믿는 것은 좋지만, 지나친 기대는 도리어 아이를 그르치게 할 수가 있습니다. 다시 말해 아이가 수를 세는 것과 수를 이해하는 것은 완전히 다른 차원입니다. 더구나 아이가 숫자를 기계적으로 암기했다고 수학적으로 뛰어난 것은 절대로 아닙니다. 그렇기 때문에 수를 이해시키기 위해서는 물건과 함께 수를 세는 것을 먼저 가르치는 것이 좋습니다.

한마디로 소유권을 인식시키는 것은 결국 아이의 인격을 배양하는데 더없이 훌륭한 교육방법이다. 어리다고 관용적인 태도를 취한다는 것은 절대 금물이다. 공중도덕을 들먹이지 않더라도, 이러한 예절과 질서교육은 가정에서부터 자연스럽게 이뤄져야한다. 그러나 2~3세까지는 구별해서 가르친다는 것은 어렵다. 그렇지만 어린아이라고 제멋대로 행동하도록 내버려둬서는 안 된다.

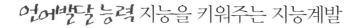

글씨 만들어 봐요

■ 주제 언어 능력 발달해요.

■ 우리 아이 이런 지능이 달라져요

글자 카드로 단어를 만들어 놀며 문자에 대한 흥미를 높여 줍니다.

■ 이런 것이 필요해요

글자가 인쇄된 종이카드

❶ 엄마가 달력, 텔레비전, 의자, 피아노, 창문, 물고기, 사과, 신발장, 책상 등을 말하면 아이는 사물에 맞는 글자를 카드에서 한장씩 뽑아 책상 위에 나란히 놓으면서 낱말을 완성하도록 해줍니다.

❷ 뛴다, 천천히 움직인다, 밥을 먹는다, 잠을 잔다, 운다, 세수를 한다 등의 동작에 대한 낱말도 한자씩 조합해 만들도록 해줍니다.

Point 아이가 낱말을 완성할 때마다 '참 잘했어요' 라는 칭찬을 해줍니다.

아이의 놀이에 부모가 약간의 도움만 주면 높은 지적게임으로 바뀐다.

어떤 초등학교에서 여러 가지 놀이에 뛰어난 남자 아이가 있었습니다. 이 아이는 친구뿐만 아니라 어른들에게도 놀이의 상대를 집요하게 원했습니다. 이 아이는 어른 못지않게 트럼프나 그 어떤 게임이건 상관없이 올바른 규칙을 잘 알고 있었습니다. 그래서 어른들은 머리가 매우 좋은 아이라고 생각했습니다. 하지만 이런 상황과는 달리 학교성적은 그다지 좋지 않았습니다.

그래서 담임선생님께서 그 남자 아이의 놀이를 관찰했는데, 다른 아이들과 다른 점을 발견하게 되었습니다. 그것은 친구들과 게임을 하면서 "이것을 하면 안 된다" "이럴 때는 이렇게 해야 된다"라면서 어른이 아이에게 간섭하는 말처럼 했던 것입니다.

이것은 평상시에 부모의 영향을 받은 것이라고 확신합니다. 즉 부모가 아이와 함께 놀아야 된다는 의무감이 지나친 결과로 나타난 것입니다.

이런 경우에 처하게 되면 아이가 놀이에서 주인공이 되어 자신의 머리로 즐길 수 있다는 원래의 취지에서 벗어나는 것입니다.

그래서 부모는 아이의 놀이를 간섭해서는 좋은 결과를 얻을 수가 없습니다. 그래서 가끔 아이와 함께 놀이를 할 때 약간의 힌트를 줌으로써 그것에서 다른 재미를 발견하게 하는 것이야말로 아이의 두뇌를 향상시킬 수가 있는 것입니다.

자녀나 다른 아이들에게 선물을 할 경우 반드시 선물 대신 돈을 주지 말라. 선물 대신 돈을 준다는 것은 결국 그 돈으로 무엇이든 네 마음대로 사라는 의미와 같은 것이다.
가끔 친한 사람들을 만나면 그들은 아이에게 주라며 돈을 주는 경우가 있을 것이다. 이럴 때 친절하신 분께서 돈을 놓고 가셨다고 아이들에게 말한 후 나누어주는 것이 좋다. 어떤 선물이든지 반드시 그 의미가 담겨져 있다. 더구나 부모와 자식사이에 오가는 선물 또한 인간적 관계가 담겨져 있어야 한다. 그렇지만 돈이란 원래 이런 의미와는 거리가 너무 멀리 있다.

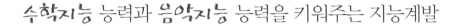

수학지능 능력과 음악지능 능력을 키워주는 지능계발

소리 구별해 봐요

■ 주제 음악 리듬 발달해요.

■ 우리 아이 이런 지능이 달라져요

양의 다소를 비교하는 힘을 익혀서 음감을 높여 줍니다.

■ 이런 것이 필요해요

크기와 모양이 같은 컵 3개, 젓가락 1개

❶ 3개의 컵을 준비해 첫 번째 컵은 3/4, 두 번째 컵은 1/2, 세 번째 컵은 1/4의 물을 담고 젓가락으로 컵을 두드려 음의 높이를 들려줍니다. 즉 컵에 담긴 물의 양에 따라 소리가 어떻게 달라지는지를 비교하게 하여 잘 기억나게 해줍니다.

❷ 이렇게 소리를 들려준 다음 아이의 눈을 가리고 컵을 두드려 어느 컵에서 나는 소리인지를 맞히게 합니다.

Point 컵 외에 다른 그릇이나 유리 실험기구로 대체해도 됩니다.

창의력지능과 구성지능 능력을 발달시키는

종이를 잘라 봐요

■ 주제 창의력지능과 구성능력 지능이 향상되요.

■ 우리 아이 이런 지능이 달라져요

가위로 아무 종이나 잘라서 도형을 만들며 아이의 구성지능 능력을 길러줍니다.

■ 이런 것이 필요해요

가위, 종이

평범한 아이를 위대하게 키우는 엄마의 센스 지능*Up Play*

1. 먼저 아이가 가위질을 잘못하면 직선을 그어주고 자르기 연습을 시킵니다.
2. 직선 자르기 연습이 끝나면 헌 잡지에서 동그라미를 찾아 동그라미 오리기 연습을 합니다.
3. 엄마가 한 장의 종이에 여러 선을 그어 아이에게 자르게 합니다.
(한 장의 네모 종이를 자르면 작은 네모가 되고 대각선으로 자르면 세모가 되도록 합니다.)
4. 한 가지의 도형이 자르면서 여러 가지의 도형으로 구성되어 있다는 것을 알려줍니다.

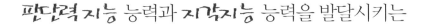

판단력지능 능력과 지각지능 능력을 발달시키는

눈 가리고 놀아 봐요

■ 주제 지각능력 지능과 판단력 지능 능력이 향상되요.

■ 우리 아이 이런 지능이 달라져요

아이에게 눈을 가리게 하고 손으로 물건의 이름을 알아 맞추게 하여 지각능력 지능과 판단력 지능 능력을 길러줍니다.

■ 이런 것이 필요해요

손수건, 장난감, 책 등

평범한 아이를 위대하게 키우는 엄마의 센스 지능*Up Play*

1. 손수건 등으로 아이의 눈을 가립니다.
2. 아이 모르게 아이가 잘 가지고 노는 장난감이나 책 등 자주 접하는 물건을 아이 모르게 가져다 놉니다.
3. 눈을 잘 가린 다음 아이에게 하나씩 만지게 하여 이름을 이야기 하게 합니다.
4. 잘 모를 때는 힌트를 주어 맞추게 합니다.

Point 엄마나 아빠의 얼굴을 만지게 하여 어떤 표정을 하고 있는지 맞추게 해도 아이의 상상력과 지각지능 능력이 발달됩니다.

가끔
장난감의 설명서 없이 놀게 한다.

종종 아이들은 어른들이 깜짝 놀라게 하는 말이나 기상천외한 발상을 보여주는 경우가 있습니다. 이것은 어른들보다 아이의 두뇌가 사물에 대한 유연성이 많다는 것을 증명한 것입니다.

이런 유연성을 이끌어내기 위한 방법의 하나로 장난감 조작설명서를 제거해보는 것입니다. 모든 장난감에는 조작방법이나 조립방법이 적혀있습니다. 이것은 어른들이 생각하는 수준으로 작성된 것입니다. 예를 들면 부품을 조립하는 장난감은 조립방법을 모른다면 의미가 없는 것처럼 생각될 것입니다.

하지만 이것은 어른들의 기우에 지나지 않는데, 아이에게 맡기면 나름대로의 생각으로 장난감을 무난히 조립할 것입니다. 아이들은 조립부품을 이리저리 만지면서 충분히 특징을 파악하기 때문입니다. 이런 아이들의 행동은 조립설명서에 따라서 조립하는 것이 아니기 때문에 두뇌향상에 매우 좋습니다. 아이가 조립한 장난감이 설명서대로 만들어진 형태가 아닐지라도 그 노력과 창조성을 높이 평가하는 칭찬이 필요합니다.

이것은 훌륭한 아이들의 발상이기 때문에 어른의 생각을 강요하는 태도는 반드시 삼가는 것이 좋습니다.

아이의 틀린 말은 창의력이 발달하고 있다는 것이다.

아이가 보통 3~4세가 되면 말을 제일 많이 배우는 시기라는 것을 알고 있을 것입니다. 이때는 1년 동안 약 1,000개 이상의 단어를 기억하지만, 그만큼 많이 틀리는 언어구사를 시도합니다. 그렇기 때문에 아이가 말을 틀리게 한다며 걱정하는 부모들이 많습니다. 이것은 아이 스스로가 생각해서 말을 한다는 증거이기 때문에 걱정하지 않아도 됩니다.

3살 이전까지 아이는 고작 부모나 형제의 말을 앵무새처럼 흉내 내는 것뿐이었습니다. 그래서 자신이 생각해서 내뱉는 말과 지금까지의 말은 당연하게 틀리는 것입니다. 또한 이 시기의 아이들은 두뇌발달이 왕성해지면서 말을 많이 하기 때문에 틀리는 경우도 있습니다.

이런 까닭을 모르고 성장발달이 늦는다는 오해로 무리하게 교정시키려 한다면 아이의 자발적인 사고력을 제거하는 상황이 됩니다. 따라서 시간이 흐르면 스스로가 말의 틀림을 깨달게 됩니다.

이 세상 그 어느 누구라도 다른 사람에게 받은 친절을 되돌려준다는 것은 이루 말할 수 없이 행복한 것이다. 속담에 '손님이 헛기침하면 스푼을 주라' 라는 말이 있다. '스푼을 주세요' 라는 말을 하지 못하고 헛기침을 하는 손님의 마음을 재빨리 알아채고 스푼을 챙겨주는 친절을 베풀라는 의미다. 한마디로 그만큼 남에게 깊은 관심으로 세심한 배려를 베풀라는 지극히 아름다운 말이다.
친절이란 꼭 남에게 칭찬을 받을 만한 행위를 의미하는 것이 아닌, 일상생활의 사소한 배려에서 나오는 것을 말한다.

글자 카드로 이름을 만들어 봐요

■ 주제 언어 능력 발달되요.

■ 우리 아이 이런 지능이 달라져요

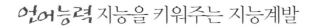

글자 카드로 이름을 만들게 하여 글씨에 대한 관심을 높여 줍니다.

■ 이런 것이 필요해요

인쇄된 글자카드

❶ 엄마는 아이 주변에 한 글자씩 인쇄되어 있는 글자 카드를 늘어놓고 엄마가 이름을 말하면 아이가 글자를 찾아 완성하는 놀이입니다.

❷ 자신의 이름을 금방 배운 아이는 자신의 이름이 어떤 모양으로 된 글자인지에 대한 호기심이 많습니다. 그래서 엄마는 이 놀이를 시작하기 전에 먼저 아이의 이름을 글자카드에서 함께 찾아 보여준 다음, 엄마나 아빠 혹은 친구 이름을 많을 말하게 하면서 낱말을 완성하게 하면 됩니다.

Point 또 집에서 키우는 애완동물의 이름도 이용하면서 한 글자를 맞출 때마다 연관된 단어를 설명하면서 언어발달에 대한 집중력을 높여주면 됩니다.

숟가락보다 젓가락으로 식사를 하게 한다.

유치원에 가보면 의외로 젓가락질을 못하는 아이들이 많습니다. 이것은 우리의 식생활이 양식화되었기 때문입니다. 이런 영향으로 가정이나 학교나 젓가락보다 숟가락을 사용하는 경우가 많아졌습니다. 이것은 아이의 지적발달에 아무런 도움이 되지 못합니다. 따라서 아이의 두뇌향상을 위해서는 가능한 한 젓가락을 사용하게 해야만 합니다.

앞에서 말한 것처럼 신체기능이 머리에서 엉덩이로, 중추신경에서 말초신경으로 내려옵니다. 연결고리를 놓고 볼 때 손과의 거리가 멀리 떨어져 있습니다. 그렇지만 손은 두뇌발달에 가장 중요한 역할을 하고 있다는 것을 알 것입니다. 한마디로 손을 원활하게 움직이는 아이일수록 두뇌활동이 왕성해져 머리가 좋아집니다. 그래서 아이의 손가락운동 일환으로 젓가락질을 하도록 권장해야 합니다.

양손을 모두 사용하는 아이는 두뇌훈련에 최고이다.

과거에는 왼손으로 밥을 먹거나 왼손으로 글씨를 쓰면 어른들로부터 꾸중까지 들었을 것입니다. 더구나 왼손잡이를 오른손잡이로 교정하기 위해 많은 노력을 기울인 어머니들도 있을 것입니다. 이런 무리한 교정은 도리어 말을 더듬게 하거나 심리적 장해가 나타날 확률이 높습니다. 이런 사실을 알고 있는 부모들은 거의 없을 것입니다.

어떤 심리학자는 '왼손잡이가 오른손잡이보다 머리가 더 좋다' 라고 했습니다. 그래서 두뇌발달에 도움을 주기 위해 양손을 동시에 사용하도록 권장하는 심리학자들도 있습니다.

예를 들면 바이올린은 양손을 모두 사용하기 때문에 아이에게 가리킨다면 두뇌발달 훈련에 매우 적절하다고 생각됩니다.

창의력지능 발달과 구성능력을 키워주는 지능계발

종이를 잘라봐요

■ 주제 창의력지능 능력이 발달해요.

■ 우리 아이 이런 지능이 달라져요

종이를 잘라서 여러 가지 도형을 만들며 구성력을 길러 줍니다.

■ 이런 것이 필요해요

마분지, 색종이, 도형본이 전개된 마분지

❶ 엄마가 마분지나 다양한 색종이를 이용해 만든 여러 가지 도형을 아이에게 보여준 다음 도형 평면도를 주면서 똑같이 만들도록 유도해 줍니다.

❷ 이 놀이를 할 때 한 가지 모형에서 벗어나 다양한 도형을 만들어보도록 해 줍니다.

❸ 이밖에 원, 마름모, 사다리꼴 등도 사용하면 아이의 창의성에 좋은 도움이 될 것입니다.

Point 한 가지 도형을 기초로 한 조합으로 다양한 도형이 있다는 것도 일깨워줍니다.

완성된 장난감은 두뇌향상에 역효과를 준다.

현재 수많은 종류의 장난감들이 시중에서 판매되고 있습니다. 이런 장난감 중에는 완제품이나 약간만 조립하면 완성되는 반완제품이 대부분입니다. 이것은 아이들의 두뇌발달에 좋지 않습니다. 장난감이 흔하지 않았던 과거에는 나뭇잎이나 조약돌을 이용해 아이들 스스로가 창조력을 발휘하여 만들게 하였는데, 이런 시절과 비교해보면 현재의 장난감은 아이들의 창조력을 배제한 것임을 알 수 있습니다.

어른들과는 달리 아이들에겐 눈에 보이는 모든 것들이 장난감입니다. 예를 들면 아이들은 놀이를 할 때 그 상황에 알맞게 나무나 돌멩이 등을 사용하는 것입니다. 이것이 바로 아이들 스스로가 창조력을 발휘하고 있다는 증거입니다.

장난감을 줄 때
다양한 변화를 생각하고 준다.

아이가 성장해 사회의 일원이 되면 다양한 일을 병행하면서 진행시키는 능력이 있어야 합니다. 예를 들면 교수가 본 직업이라면 이외에 연구를 하거나, 텔레비전에 출연하거나, 다른 대학에 특강을 하는 것처럼 머리의 회전을 원활하게 하기 위한 변화를 말합니다. 이렇게 함으로써 당연히 하루일과가 바빠지는 것입니다. 한마디로 이런 자극을 통해 두뇌활동량을 늘여주는 것입니다.

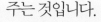

아이들의 역시 장난감을 줄 때도 어떤 상황에서는 한 개를 어떤 상황에서는 여러 개를 주면서 다양한 변화를 유도해줍니다. 이런 상황을 만들어주면 아이의 두뇌는 다양한 각도로 활용되면서 발전되는 것입니다.

아이들에게 친절을 도덕이나 공공심이라는 교훈적인 행위로만 가르쳐서는 안 된다. 인간은 그 나름대로 지혜가 있는 인간으로 성장해가는 것이 목적이기 때문이다.
따라서 자녀들이 남을 위해 친절을 베푼 것에 대해 부모가 칭찬하거나, 자녀들 스스로 칭찬받는 것을 원하기 때문에 권장한다는 것은 잘못된 사고방식이다. 친절이란 개개인 마음의 성장을 나타내는 행위이기 때문에 부모나 혹은 어른들이 자녀들에게 분별없이 강요하거나 칭찬해서는 안 된다.

사회적응 능력 지능과 지식확장 능력을 키워주는 지능계발

직업을 알아 볼까요?

■ 주제 지식이 확장되요.

■ 우리 아이 이런 지능이 달라져요

일에 대해서 설명하게 하여 사회적인 시야를 넓힙니다.

■ 이런 것이 필요해요

일하는 사람이 그려진 그림이나 현장

❶ 그림이나 사진을 아이에게 펼쳐놓고 일하는 사람을 짚어가면서 “이 사람은 무슨 일을 하고 있을까? 이런 일은 뭐라고 하지? 여기는 쉬고 있네.” 등으로 질문하여 아이가 설명하도록 유도합니다. 만약 아이가 대답을 잘 하지 못할 경우에는 그 일에 대해 상세하게 말해줍니다.

❷ “이 사람들이 하는 일 외에는 다른 일은 없을까요?” 라면서 자연스럽게 아이가 알고 있는 다른 일(직업)도 말하게 해줍니다.

❸ 아이에게 이런 지식을 경험시키기 위해 나들이 때 흔히 접할 수 있는 일하는 사람들을 보여주면서 설명해준다면 다양한 직업이나 일의 중요성을 알게 될 것입니다.

Point 아빠나 삼촌이나 이모의 직업이 무엇인지를 말해주는 것도 도움이 됩니다.

하나의 장난감으로 여러 상황을 재현하게 한다.

어른들은 아이들의 창의력에 놀라는 경우가 많은데, 이것은 다른 말로 표현하면 아이들은 놀이의 천재라고 할 수 있습니다. 아이들은 놀이를 하면서 상황에 맞게 새로운 놀이를 고안해내기 때문입니다. 예를 들면 아이를 데리고 옆 동네 놀이터를 갔을 때 아이의 눈빛이 달라집니다. 다시 말해 아이는 놀이터에 설치되어 있는 놀이시설물이나 그늘을 제공해주는 나무들을 보면서 새로운 생각을 할 것입니다. 그렇기 때문에 부모가 제공해주는 다양한 상황은 아이들의 창조력을 발전시키는 계기가 될 것입니다.

창조력개발을 향상시키기 위한 훈련방법 중 하나가 체크 리스트법입니다. 이것은 어떤 신제품개발의 아이디어를 놓고 발상과 역발상을 번갈아 적용시키는 것을 말합니다.

따라서 아이들 놀이에 이 방법을 응용한다면 큰 효과를 얻을 수 있을 것입니다. 예를 들면 어떤 아이가 세발자전거에 다가가 페달을 돌리면서 사이렌소리를 내거나, 자전거를 거꾸로 세운 다음 뒷바퀴를 잡고 배의 키를 잡는 시늉을 하는 것입니다.

이처럼 장난감을 활용해 놀이방법을 조금만 바꿔도 새롭고 다양하게 놀 수 있다는 것이 바로 아이들의 창조력의 힘인 것입니다.

아이가 집중할 때 억지로 잠을 재우지 말아야 한다.

아이들은 무언가에 집중하거나 열중하기 시작하면 식사나 잠자는 시간조차 잊어버릴 때도 있습니다. 이때 부모들은 아이의 건강을 내세우거나 규칙적이고 좋은 습관을 길러야 한다는 생각으로 억지로 잠을 재우려고 노력합니다. 이런 부모의 무모한 행동은 좋지 않습니다. 왜냐하면 아이의 지적발달은 마음 안에서 자연적으로 이뤄지기 때문에 강제성이 띤 이런 행동은 삼가야 합니다.

학습의 발전은 정신집중에서 비롯되는 것이기 때문에 어릴 때부터 사물에 대해 집중하는 습관을 길러주는 것이 매우 중요합니다. 그래서 아이가 어떤 놀이에 열중할 때 그 시간을 점차적으로 늘려주는 것이야말로 좋은 방법입니다.

세계적인 추세에 따라 우리나라에서도 핵가족이 점차 늘어나면서 이에 따른 문제점들이 하나둘씩 나타나고 있다.
과거 어느 나라에서나 볼 수 있었던 대가족과 현재의 핵가족을 비교해보면, 세대 간의 불화도 적고 집안공간을 여유 있게 사용할 수 있는 장점이 있다. 특히 육아나 자녀교육에만 전념할 수 있는 이상적인 가족형태인 것이다.
그러나 단점으로는 자녀들이 웃어른인 할아버지나 할머니를 비롯하여 삼촌, 숙모 등 다른 어른들로부터 좋은 영향을 받을 수 있는 기회가 없다. 따라서 지적인 자극이 적은, 즉 폐쇄공간에서 살게 될 위험성이 많다.

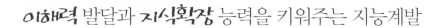

이해력 발달과 지식확장 능력을 키워주는 지능계발

여러 가지 교통수단을 알아봐요

■ 주제 사회 적응이 빠르고 지식이 확장되요.

■ 우리 아이 이런 지능이 달라져요

여러 가지 교통수단에 대한 지식, 이해력을 기르고 꿈을 심어 줍니다.

■ 이런 것이 필요해요

교통수단이 인쇄된 종이카드

❶ 종이카드를 아이에게 한 장씩 보여주면서 이름을 말하게 합니다.

❷ 그러면서 길이나 바다나 하늘에서 어느 것을 타고 가야하는지를 말하게 하고, 정확하게 말을 하면 그 교통수단에 대하여 재미있는 내용으로 이야기를 서로 주고받으면 됩니다.

❸ "네가 지금 가장 타고 싶은 것이 무엇일까요? 엄마는 비행기인데…." 라면서 아이의 꿈을 크게 가지게 해줍니다.

Point 만약 기회가 있다면 교통수단에 대한 실물을 아이에게 보여주는 것이 가장 좋습니다.

나는 누구일까요?

■ 주제 사회적응 지능과 지식이 확장되요.

■ 우리 아이 이런 지능이 달라져요

자기에 대한 생각을 많이 하게 하여 이해를 깊게 합니다.

■ 이런 것이 필요해요

아이, 거울

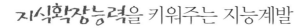

아이가 거울에 앞에 거울이 비친 자신을 보면서 스스로 묻게 유도해줍니다.

❶ 몇 살이니?

❷ 생일은 몇 월 며칠이니?

❸ 이름이 뭐니?

❹ 어디에 살고 있니?

Point

- 전화번호 몇 번이니? • 초등학교에 언제 들어가니?
- 지금 유치원생이니? • 너는 어떤 친구를 좋아하니? 등등

아이가 기본적으로 알아야 할것을 인지 시킵니다.

장난감이 많은 것보다 모자라는 것이 훨씬 좋다.

외국에서 장기간 생활한 사람들의 공통점은 아이에게 일부러 장난감을 사주지 않습니다. 외국인들의 특징은 크리스마스나 생일 외에는 절대로 장난감을 사주지 않습니다. 왜냐하면 아이에게 장난감을 지나치게 많이 사주면 성격이 산만해지고 사물에 대한 집중력이 떨어지기 때문입니다.

이렇게 말하면 우리나라 부모들 대분은 웃기는 말이라고 일축할지도 모릅니다. 하지만 분명한 것은 지나치게 많은 장난감을 소유하고 자란 아이는 변덕스럽고 싫증을 잘 낸다는 것이 어느 심리학자의 연구결과로 증명되었습니다. 이런 아이는 놀이를 할 때 자발적으로 창의력을 발휘하지 못합니다.

아이들이 장난감 없이 놀 수 없는 시기는 3~4세 정도로 짧습니다. 아이가 5세가 되면 장난감이나 도구가 없어도 스스로 놀이를 개발해 놀 수가 있기 때문입니다. 한마디로 아이가 점점 성장하면 부모의 생각과는 달리 장난감이나 도구가 필요 없게 됩니다. 만약 이런 아이에게 장난감을 사준다면 놀이에서 얻을 수 있는 두뇌발달을 취할 수가 없게 됩니다. 그래서 장난감이나 도구가 부족해야만, 창의력을 길러주는데 훨씬 좋은 결과를 거둘 수 있습니다.

손과 손가락의 훈련은 머리를 좋게 만든다.

뇌가 발달하면 할수록 신체의 운동기능이 급속도로 향상됩니다. 이와 함께 손과 손가락까지 재주가 더해지면서 갖가지 재주를 자유롭게 만끽하고 있습니다.

하지만 아이들이 자라면서 손가락 끝의 운동능력이 떨어지는 두 가지 이유가 있습니다. 첫째 머리에서 시작해 엉덩이까지, 둘째 중추신경에서 말초신경까지입니다. 이 두 방향 모두 손가락 끝에는 매우 불리한 위치이기 때문에 손가락 운동능력의 발달이 뒤떨어질 수가 있는 것입니다. 이것이 어린아이의 성장과정과 밀접한 관계가 있다면, 반드시 손가락 운동을 시켜야만 머리가 좋아진다는 등식이 성립됩니다.

이런 사실을 이탈리아의 마리아 몬테소리 박사가 알아냈습니다. 그녀는 아이가 싫증내지 않고 반복적으로 단추를 끼우거나 구두끈을 매려는 것은 스스로 지성을 연마하는 것이라는 사실을 깨달았던 것입니다.

현대사회의 문제로 등장하고 있는 것이 바로 아버지와 자식 사이에 대화단절이다. 외국의 통계를 보면 아버지와 자녀들과의 대화시간이 하루 평균 3분이라고 한다. 이렇게 대화가 없거나 짧으면 아버지로부터 좋은 말을 듣거나 올바른 행동을 배울 수가 없다. 따라서 바람직한 대화의 방법은 바로 아버지의 권위에 딸려 있다. 다시 말해 자녀들이 어릴 때부터 아버지를 가정의 지도자로서 존경하고, 아버지 또한 가정의 중심답게 행동해야만 한다.
이래야만 자녀들은 자연스럽게 아버지의 모든 것을 본받는다. 공부하는 것이나 친구를 사귀는 것 모두를 아버지에게 배우는 것이다.

지식확장능력 지능을 키워주는 지능계발

우리 가족을 알아봐요

■ 주제 지식이 확장되요.

■ 우리 아이 이런 지능이 달라져요

아이를 둘러싼 가족에 대한 이해를 깊게 합니다.

■ 이런 것이 필요해요

엄마아빠, 형제자매, 할아버지, 할머니

아이가 함께 살고 있는 가족에 대해 서슴없이 말할 수 있도록 암기시켜 줍니다.

❶ 너는 누구누구와 함께 살고 있니? 이름을 차례대로 말해 봐요.

❷ 너희 집에는 모두 몇 명이 살고 있니?

❸ 엄마는 집에서 어떤 일을 하고 있니?

- 아빠는 아침마다 회사에 출근하고 있니?
- 동생과 누나는 무엇을 하면서 놀고 있니?

Point 만약 대가족이 아니거나 함께 살고 있지 않아도 할머니, 할아버지에 대한 이야기도 아이에게 기억시켜줍니다.

구성능력 지능과 색분별 능력을 키워주는 지능계발

도형을 이어서 그려봐요

■ 주제 구성 능력 발달되요.

■ 우리 아이 이런 지능이 달라져요

불완전한 도형을 완전한 도형으로 그리게 해서 구성력을 높여 줍니다.

■ 이런 것이 필요해요

마분지, 크레파스, 가위

❶ 마분지를 종이카드 크기의 사각형으로 잘라 완성되지 않은 다양한 도형을 그려놓습니다.

❷ 아이에게 미완성 그림의 카드를 주면서 도형을 완성시키게 유도해줍니다.

❸ 아이가 도형을 완성하게 되면 도형이름을 스스로 말하도록 유도해줍니다.

❹ 그리고 집안에서 자신이 말한 도형과 비슷한 물건을 찾게 유도합니다.

Point 스케치북을 준비해 다양한 도형들을 이용해 아이 스스로가 좋아하는 그림을 그려넣게 한 다음 각각 다른 색의 크레파스로 칠하게 합니다.

종이접기와 펴는 행동은 아이의 지적유희가 된다.

어느 심리학자는 손가락으로 만드는 종이접기가 아이의 지능이나 언어 발달에 매우 효과적이라고 합니다. 종이접기는 정확하지 않으면 제대로 된 모양이 나오지 않습니다. 그래서 아이들은 종이를 접었다 폈다는 반복적으로 하면서 제대로 된 모양을 만들어냅니다. 이것은 사물을 순서를 정해서 생각하고 조작하는 것을 터득하게 되는 것입니다.

처음 종이접기를 가르칠 때는 보통 어른이 한 번씩 접어서 보여주고 그 다음 아이가 그대로 따라하는 방법입니다. 하지만 아이는 단번에 제대로 된 모양을 만들 수가 없습니다. 이런 방법을 통해 스스로 접는 방법을 발견하면서 즐거움에 빠지는 것입니다. 이 기쁨을 더해주기 위해서는 먼저 완성품을 주면서 아이에게 접은 역순으로 차례로 펴게 해서 어떻게 접혔는지를 스스로 깨달게 해주는 것입니다. 이렇게 하면 아이는 종이접기에 숨겨진 정확한 논리성을 스스로 발견할 것입니다.

끝말잇기의 장점은 순발력에 좋다.

인간의 두뇌는 전자계산기와 마찬가지로 요구하는 정보를 뇌세포 속에서 빼내는 것과 같습니다. 이것이 빠르냐 그렇지 않느냐에 따라 머리 회전이 빠르다 둔하다로 구분됩니다.

머리회전의 속도를 향상시키기 위해서 가장 좋은 게임이 바로 끝말잇기 놀이입니다. 이 놀이는 앞 사람의 단어 끝소리를 이어서 새로운 말을 하는 것인데, 당연히 언어능력이 필요합니다. 이때 필요한 것은 시간을 제한적으로 정해놓고 순발력을 이용해 빨리 대답하게 해야만 됩니다. 그래야만 회전이 잘 되는 두뇌가 만들어지는 것입니다.

현대는 모든 행동이나 사고에 순발력이 요구되기 때문에 이 놀이는 아이들의 지적발달에 반드시 필요합니다.

가정교육을 시키는데 있어 반드시 잊지 말아야 할 것은 바로 타인의 간섭이다. 타인의 간섭이 있으면 공들여 쌓은 탑이 하루아침에 무너져버리기 때문이다. 빗나간 자녀들을 정상적으로 되돌려 놓는다는 것은 지금까지 투자한 시간보다 훨씬 더 많은 시간이 소요될 것이다. 특히 자녀들의 정신적인 성장이 정지되고 자녀들의 앞날에도 큰 손해를 있을 것으로 판단된다.
사리를 분별할 줄 아는 자녀로 키우기 위해서는 남의 간섭에 대해 엄격해야 한다. 그렇지 못하면 아직 판단력이 미숙한 자녀들은 의지가 약한 어린이로 성장할 위험성이 많다.

이해능력과 사회적응 능력을 키워주는 지능계발

건강하고 깨끗하게 해요

■ 주제 이해 능력이발달되요.

■ 우리 아이 이런 지능이 달라져요

건강과 위생의 중요성에 대해서 생각하게 합니다.

■ 이런 것이 필요해요

일상적 생활탐구

아이와 생활하다보면 자연스럽게 다양한 일들을 겪게 되는데,
각각의 일마다 그 나름의 의미가 담겨 있습니다.

❶ 병원에서 왜 주사를 맞을까요?

❷ 엄마는 무엇 때문에 매일 청소를 할까요?

❸ 주말마다 청소차가 왜 아파트에 올까요?

❹ 엄마는 왜 일찍 자고 일찍 일어나야 하는 것일까요?

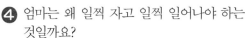

Point 언제든지 기회가 생길 때만다 이런 질문을 아이에게 하고 그 이유를 자연스럽게 숙지되도록 가르쳐주면 됩니다.

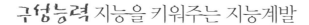

구성능력 지능을 키워주는 지능계발

도형 자르기 해 볼까요?

■ 주제 분석력을 길러줘요.

■ 우리 아이 이런 지능이 달라져요

종이 자르는 방법을 생각하게 하여 구성력, 분석력을 길러 줍니다.

■ 이런 것이 필요해요

그림, 스케치북, 크레파스, 가위

❶ 왼쪽에 그려진 그림을 엄마가 손가락으로 하나씩 짚어가면서 "오른쪽 그림은 왼쪽 그림을 가위로 자른 거란다. 네가 생각할 때 어떻게 자른 것일까? 자, 크레파스를 들고 점선을 따라 한번 그려볼까요?" 라며 점선을 따라 크레파스로 그리게 해줍니다.

❷ 단 점선을 따라 그리기 전에 먼저 아이에게 모양을 충분히 보게 한 다음 스스로 그림을 선택하게 해주는 것이 좋습니다.

Point 점선을 따라 그리기가 모두 끝난 뒤 엄마가 모양이 같은 도형을 스케치북으로 옮겨 그리고 가위로 잘라 아이에게 그 모양을 확인시켜주면 이해가 빠를 것입니다.

카드놀이는 아이의 두뇌에 강한 자극을 심어준다.

아이들에게 엎어놓은 카드에서 같은 수의 카드를 맞추는 게임은 인기 있는 놀이 중의 하나입니다. 이때 중요한 것은 어른과 아이가 함께 게임을 하는데, 대부분 아이가 이기게 만들어주는 것입니다. 이런 게임에서 어른들이 놀랄 정도로 아이들의 능력이 번뜩일 것입니다.

다시 말해 어른들은 정해놓은 패튼에 대한 기억방식을 쓰지만, 아이들은 전체배열을 하나의 패턴으로 사용하는 것입니다. 그렇기 때문에 생각보다 반사적으로 패의 위치를 맞추는 것입니다.

이런 동물적이면서 본능적 감각은 성장하면서 다른 지적능력에 밀려서 희박해기겠지만, 이런 종류의 훈련을 충분히 받은 아이라면 뛰어난 직관력과 기억력을 지속할 수가 있을 것입니다.

어른이 이 게임에 몰두하면 신경쇠약에 걸릴 정도가 되지만, 아이들의 두뇌를 강하게 자극할 수가 있습니다. 이런 게임에서 얻어지는 것은 직관적 파악에서 동작이나 행동으로 곧바로 옮겨가는 순발력향상입니다. 또한 분석적으로 낱장카드의 위치를 외우는 것 자체가 두뇌훈련방법에 효과적입니다.

아이가 수를 세기 시작할 때 다른 것도 함께 숙지시킨다.

어느 날 어떤 엄마는 놀이터에서 3살 딸에게 숫자를 연습시키기 위해 돌멩이 10개 주워오라고 했습니다. 그러자 딸아이는 동일한 색깔과 동일한 크기의 돌을 주워왔습니다. 수를 세기 시작할 때의 아이들은 물체의 형상과 추상적인 숫자를 구분하지 못합니다.

그래서 숫자는 물체로부터 독립한 존재라는 것을 미리 가르친다면 아이의 추상적인 능력이 크게 발전될 것입니다. 이에 따라 단지 숫자를 세게 하기 보다는 돌을 10개 주워오게 하면서 빨강이나 검정 돌, 큰 돌이나 작은 돌 등 모양과 크기가 다른 돌을 주워오게 하는 것이 훨씬 좋습니다.

외국인들은 예로부터 부모는 오직 줄뿐이고 자식은 오로지 받으면 된다는 관계가 성립되어 있다. 예를 들어 그들은 아이들에게 "나는 너희들로부터 아무것도 되돌려 받을 생각이 없다. 만약 나에게 보답하고 싶다면, 이 다음 너희가 성장하여 자녀가 생기면 자녀들에게 엄마가 너희들에게 했던 것처럼 하면 된단다. 그것이 나에게는 제일 기쁜 일이다" 라고 한 것도 바로 같은 맥락이다.

똑같이 그리기 해 볼까요

■ 주제 구성 능력이 발달해요.

■ 우리 아이 이런 지능이 달라져요

도형을 베껴 그리기 하여 구성력을 길러줍니다.

■ 이런 것이 필요해요

그림, 스케치북, 크레파스, 트레이싱페이퍼

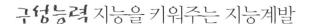

❶ 엄마가 스케치북에 간단한 도형을 그린 다음 아이에게 줍니다.

❷ 그러면서 아이에게 "왼쪽 그림과 똑같은 것을 오른쪽에 그릴 수 있지요?"라면서 왼쪽 그림을 잘 관찰하게 한 다음 그리게 하면 됩니다.

Point 아이가 이해력이 부족하면 엄마가 투명한 종이로 오른쪽 그림 위에 올려놓고 비치게 하여 그린 다음, 그것을 아이가 그린 왼쪽 그림 위에 올려놓고 잘못된 것을 지적해주면 됩니다. 이때 손끝 놀림이 부족한 아이이기 때문에 잘못된 그림을 그려도 칭찬하면서 천천히 익히게 해줘야 합니다.

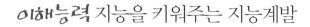

어떤 맛 일까요?

■ 주제 이해 능력이 발달해요.

■ 우리 아이 이런 지능이 달라져요

음식 맛에 대해 이야기를 나누며 이해를 풍부히 합니다.

■ 이런 것이 필요해요

스케치북, 크레파스

❶ 엄마가 단색으로 스케치북에 다양한 음식을 크게 그린 다음 "이것은 무슨 음식일까요?" 라고 질문하여 아이가 대답하게 합니다.

❷ 아이가 음식이름을 맞추면 "이 음식엔 어떤 맛이 날까요?" 라는 질문으로 미각에 대한 이해도를 높여주면 됩니다.

❸ 그리고 정확한 답이나 나오면 그림에 그려진 음식에 어울리는 색칠을 하도록 합니다.

Point 아이가 잘 이해하지 못하면 힌트를 주면서 맞추게 하고, 기회가 있으면 음식을 직접 맛보게 하여 숙지시켜줍니다.

바둑돌은 수학을 좋아하게 만드는 도구이다.

바둑이 9단인 어떤 프로기사는 초등학교에 들어가기 전부터 바둑 애호가인 아버지 덕분에 자연적으로 배웠다고 합니다. 하지만 그는 초등학교에 입학하면서 산수문제는 전혀 풀지 못했습니다.

이것은 그 어떤 사람에게도 일어날 수 있는 일인 것입니다. 바둑은 장기처럼 유소년기의 아이들에게 매우 적합한 특징을 가지고 있습니다. 유아기의 두뇌는 사물을 분석하거나 구분해서 이해하는 것이 아니라, 전체를 직관적으로 파악하는 것입니다. 그렇기 때문에 바둑돌은 사물에 대한 패턴 의식훈련에 가장 적당한 것입니다.

바둑돌은 흑과 백으로 나뉘고 모양이나 두께도 같으며, 바둑판 역시 같은 모양의 번복입니다. 이것이 아이들의 패턴인식훈련에 필요한 이유는 단순함이며, 이 단순한 것들이 모이면서 무한한 패턴이 만들어지기 때문입니다. 무한한 패턴의 변화는 수학의 기초인 정밀한 논리가 들어있습니다. 이런 논리를 무시하고 직관적으로 파악하는 훈련이 필요한 것입니다. 그렇다고 바둑을 잘 둬야 한다는 말이 아니라, 바둑을 잘 두지 못해도 효과를 얻을 수가 있는 것입니다.

제멋대로 걷게 하는 것이 머리를 좋게 만든다.

아이들은 어리다는 이유로 부모의 보호 아래 있기 때문에 혼자서 걷는 자유조차도 없습니다. 지금은 유치원마다 통학버스가 있기 때문에 아이들이 걸을 수 있는 기회가 더 줄어들었습니다. 아이들이 외출할 때는 어머니와 함께 상가에 가는 것 정도입니다. 이때 아이들은 부모의 손에 잡혀서 끌려가는 듯한 모습이 연출되곤 합니다.

물론 교통사고로부터 아이를 보호하기 위해서는 어쩔 수가 없겠지만, 아이가 자유롭게 걷게 하는 것은 생각해볼 여지가 있습니다. 아이들은 각자 자신만의 운동신경회로를 가지고 있습니다. 이런 신경회로를 자극해 좋은 머리의 아이를 만들 수가 있는 것입니다. 그렇기 때문에 어머니가 아이를 걷는 자유를 빼앗아간다는 것은 잘못된 생각입니다.

한마디로 아이를 걷게 한다는 것은 아이의 개성을 길러주는 두뇌발발에 중요한 기초가 됨을 잊지 말아야 합니다.

시대가 발달함에 따라 어디든지 어린이용화장품을 팔고 있다. 하지만 그런 상품을 만들 필요가 있는지 의심스럽다. 더구나 텔레비전을 보면 어른들의 패션을 그대로 축소해 놓은 어린이옷들이 많이 등장한다.
더 놀랄 일은 어린이가 마치 어른처럼 행동하는 것을 자랑스럽게 생각하는 어머니들 또한 많다. 이것은 아이들이 장래에 큰 재목으로 자라는 갈림길에서 나쁜 영향을 줄 가능성도 배제할 수가 없는 것이다. 더구나 부모의 세계와 아이들의 세계가 구분되지 않고 그 경계가 허물어져 있다.

지각능력과 사회적응 능력을 키워주는 지능계발

표지판 읽어볼까요?

■ 주제 지식확장과 지각 능력이 발달해요.

■ 우리 아이 이런 지능이 달라져요

자주 보는 표지판을 통해 관념적인 사회약속을 깨닫게 합니다.

■ 이런 것이 필요해요

공공 표지판

❶ 아이에게 공공적 약속인 표지판을 이해할 수 있도록 도와주고 숙지시켜준다는 것은 사회적 공공약속을 파악할 수 있는 능력을 길러주는 것입니다.

❷ 특히 표지판에 그려진 표시들을 숙지한 어린이라면 낯선 곳이라도 당황하지 않게 됩니다. 그리고 공공시설에서 이런 표지판을 보았을 때, 우쭐한 마음으로 엄마에게 그에 대한 의미를 말하게 되면서 원활한 의사소통이 가능해집니다.

Point 엄마가 공공시설에서의 화장실 표지판, 공사 중 표지판, 출입구 표지판, 주차장 표지판 등등이나 간단한 낱말로 들어있는 표지판을 볼 때 아이에게 "이건 무엇을 말하는 표시일까요? 이것은 화장실이 여기에 있다는 의미란다."라는 식으로 숙지시켜주면 됩니다.

놀면서 방을
어지럽히는 것도 두뇌활동이다.

어떤 유치원에 가보면 교실에는 장난감이나 교재가 제멋대로 흐트러져 있는 가운데 아이들이 공부를 하고 있습니다. 만약 학부모들이 이런 광경을 목격했다면 대부분 놀랄 것입니다. 그러면서 이런 환경 속에서 아이가 무엇을 배우겠는가?라고 생각할 것입니다. 왜냐하면 환경 자체가 무질서하고 지저분하게 보이기 때문입니다.

하지만 어머니들이 걱정할 필요가 전혀 없습니다. 이런 어수선한 환경에서도 아이들의 눈에는 어떤 의미와 논리적인 것이 있다고 생각하기 때문입니다. 예를 들면 장난감 나무는 집으로, 레일은 고속도로라고 생각해 미니카에 인형을 태우고 달리는 시늉을 합니다. 이렇게 아이들은 장난감을 다양하게 연결해 상상의 세계에서 신나게 놀고 있는 것입니다. 이런 상황에서 선생님이나 어머니가 정리정돈을 위해 뒤치다꺼리를 하는 것은 일종의 간섭이 되기 때문에 가능한 한 하지 않는 것이 좋습니다.

또한 동일한 장난감 한 개로 끝가지 놀게 하는 것은 아이의 자유로운 발상을 박탈시키는 꼴이 되는 것입니다. 예를 들면 아이들은 인어공주 인형과 말을 하다가 갑자기 장난감 자동차를 손에 쥐고 이러 저리 끌고 다닙니다. 이처럼 아이들은 순식간에 놀이 장난감을 바꾸는 상상의 천재이기도 합니다. 그렇기 때문에 선생님이나 어머니가 뒤치다꺼리를 해서는 안 됩니다.

사람들은 하루일과에서 일어난 일들에 대해 그날그날 처리하지 못하는 것들이 많다. 그런 것들이 무의식중에 축적되어 꿈을 꾸게 된다. 따라서 엄마는 좋지 못한 부정적인 것만은 어린이들로부터 말끔히 제거시켜 주는 것을 의무로 생각해야 한다.

침대에 누운 자녀 곁에서 정답게 껴안이주는 다정스런 부모의 배려가 하루일과에서 생긴 긴장에서 완전히 해방시켜 편안하게 숙면을 취할 수 있게 해준다. 그러면 자녀들은 다음날 동이 트면 또다시 상쾌한 마음으로 하루를 시작할 수 있는 것이다.

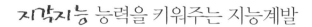

지각지능 능력을 키워주는 지능계발

그림자놀이해 볼까요?

■ 주제 상상력을 높이고 정서를 풍부하게 해요.

■ 우리 아이 이런 지능이 달라져요

그림자놀이로 지각 능력과 상상력을 높이고 정서를 풍부하게 합니다.

■ 이런 것이 필요해요

엄마의 두 손

❶ 엄마가 벽에 손 그림자를 비춰서 하는 그림자 놀이입니다.

❷ '공룡' 모양은 주먹을 쥐고 앞으로 내밀어 벽에 그림자를 비치게 하면 됩니다.

❸ '게' 모양은 두 손을 펴고 손바닥 부분에서 교차시켜서 벽에 그림자를 비치게 하면 됩니다.

* '개' 모양은 왼손을 펴서 오른손을 왼손바닥에 약간 비껴 붙여 오른손 손가락으로 손등 쪽을 감싸서 양손 엄지를 세워 벽에 그림자를 비치게 하면 됩니다.

❹ '매' 모양은 양쪽 손가락을 펴고 오른손 엄지에 왼손 엄지를 걸어 벽에 그림자를 비치게 하면 됩니다.

Point '여우' 모양은 중지와 약지 끝을 엄지에 붙이고 집게손가락과 새끼손가락을 똑바로 세워 벽에 그림자를 비치게 하면 됩니다.

곤란함에 처했다고 결론을 도와주는 것을 삼가야 한다.

사람들은 어떤 곤란에 것에 처해있을 때는 두뇌회전이 무척 빨라집니다. 아이가 이런 일에 닥치는 것이야말로 스스로 생각할 수 있는 기회가 되는 것입니다. 이런 경우에 부모가 불쑥 나서서 도와주는 것은 아이에게 마이너스 효과만 가져주는 것이 됩니다. 그래서 삼가는 것이 아이를 도와주는 것이 됩니다.

예를 들면 미국에는 아이가 길에서 넘어져도 어머니가 한 두 마디 말을 건넬 뿐 가만히 지켜보고만 있습니다. 하지만 우리나라 어머니는 재빨리 아이를 일으켜 세워줍니다. 이것이 미국과 우리나라와 다른 면인데, 아마 문화적인 차이가 아닐까 싶습니다.

다시 말하면 우리나라는 아이를 보호한다는 차원에서 끝나지만. 미국은 아이에게 격려의 말을 해줍니다. 미국은 아이에게 스스로 해결하라는 무언의 암시를 제공해주는 것입니다.

그것은 아이 스스로가 충분히 생각할 수 있는 힘이 있고, 그것을 충분히 활용하도록 준비시킨다는 이유입니다. 그렇기 때문에 절대로 부모가 결론을 위해 도움을 주지 않습니다.

따라서 부모는 곤란에 처한 아이에게 최소한의 준비만을 해주고 결론은 스스로 내리게 하는 것입니다.

하루 동안 있었던 모든 일은 그날이 지나기 전에 마무리해야만 한다. 자녀들을 심하게 꾸짖었다면 잠자리에 들 때만은 정답게 다독거려준다. 이것은 그 날에 쌓인 좋지 않은 감정의 앙금을 말끔히 씻어주는 것이다.
다시 말해 어린아이의 마음은 마치 스펀지와 같기 때문에, 혼을 낸 다음에 정답게 다독거려주지 않는다면 나쁜 감정을 그대로 쌓아버린다. 그렇기 때문에 한번쯤 정답게 쓰다듬어주면 스펀지에서 물이 빠져나오듯 나쁜 감정도 쉽게 풀어질 수가 있는 것이다.

여보세요?

■ 주제 언어 능력이 발달해요.

■ 우리 아이 이런 지능이 달라져요

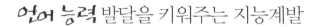

전화놀이를 통해 아름답고 정확한 발음을 가르쳐 언어 능력을 높입니다.

■ 이런 것이 필요해요

장난감 전화기나 핸드폰

❶ 모든 어린이들은 전화를 좋아하는 습성을 지니고 있습니다. 엄마나 아빠가 전화통화를 할 때 전화기를 빼앗아 자신도 이야기하려고 극성을 부립니다. 이런 습성을 활용한 전화놀이를 응용해 아름다운 말투를 익히도록 하면 됩니다.

❷ 아이에게 장난감 전화를 준 다음 엄마가 먼저 "여보세요, 엄마인데요. 네가 가장 먹고 싶어하는 과자는 무엇인가요?"라고 물어 아이가 말을 하도록 유도합니다. 또 엄마와 아이의 역할을 서로 바꿔 전화놀이를 해도 좋습니다.

❸ 아이가 예쁜 말을 배우도록 엄마나 아빠가 먼저 솔선수범하는 것이 매우 중요합니다. 하지만 일상적인 가정에서는 의외의 돌발사고로 어려움이 많습니다. 그렇기 때문에 이런 전화를 매개로 활용한다면 좀 더 부드럽고 예쁜 말투를 사용할 수 있게 될 것입니다.

Point 이런 전화놀이를 통해 아이는 실제적으로 상대방에게 자신의 의사를 정확하게 전달하겠다는 생각으로 예쁜 말투의 필요성을 자연스럽게 알게 됩니다.

아이에게 정리정돈을 시키면 지적재산이 향상된다.

성인이라면 어릴 때 어른이 보기엔 별 볼일 없는 돌멩이나 나뭇조각에도 큰 애착을 갖는 경험을 했을 것입니다. 더구나 서랍에 이런 잡동사니들을 가득 채우기도 했을 것입니다. 왜냐하면 이것은 아이들이 어른에게 알리고 싶지 않은 비밀의 보물이기 때문입니다.

무엇 때문에 아이들은 이런 잡동사니를 비밀의 보물로 생각할까요? 한마디로 아이들은 어른들이 전혀 알 수 없는 특별한 의미를 잡동사니에서 발견하고 있기 때문입니다. 이런 잡동사니들은 아이들에게 백화점이 되기도 하고 집이 되기도 하는 등 자신만이 생각하는 새로운 장난감의 부속품입니다.

이처럼 아이들의 흥미나 관심은 나날이 변화하고 있는데, 비밀의 서랍에 담긴 내용물 역시 시간과 함께 가치도 변화되는 것입니다. 그래서 부모들은 가끔 아이들에게 잡동사니를 정리하도록 하는 것도 중요합니다. 왜냐하면 아이들이 지난날에 자신의 흥미 있는 역사를 볼 수 있는 계기가 되면서 새로운 가치까지 느낄 수 있기 때문입니다. 한마디로 잡동사니는 아이의 지적 재산이기 때문에 부모는 이것을 소중하게 생각할 필요가 있습니다.

아이에게 연기를 시키면 상상력이 풍부해진다.

심리요법에서 자주 사용되고 있는 방법 중 하나가 바로 역할 연기라는 것입니다. 예를 들면 상사와 관계가 원활하지 않는 부하 직원에게 상사의 역할을 맡기는 것입니다. 부하직원은 상사의 입장에 서서 상상력을 북돋워 상사와의 소원했던 인간관계가 개선되는 것입니다.

이 방법을 아이들에게 적용해도 훌륭한 교육효과를 얻을 수 있다는 연구발표도 많이 있습니다. 이밖에 책에서 등장인물에 따라 목소리를 바꿔가면서 읽고, 이와 함께 입으로 음향효과를 중간 중간에 삽입시켜는 것도 상상력을 향상시킬 수 있는 계가 될 것입니다.

가끔 벌을 주는 어머니의 행위는 어린이가 잘 성장할 수 있도록 도와주는 수단이다. 이때 유의해야할 사항은 자녀들이 '그들이 가야 할 길'을 가도록 하기 위해서만 벌을 줘야만 한다. 특히 벌을 줄 때도 반드시 애정이 수반되어 있어야 한다.
만약 애정 없이 벌을 준다면 그것은 부모의 권위에 의해서 자녀들을 억누르고 지배하는 격이다. 그렇게 된다면 자녀들은 자신의 개성을 자유롭게 살려나가지 못하고 오히려 위축되고 말 것이다. 이것은 자라나는 자녀들에게 아무런 도움이 되지 못한다.

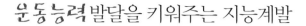

운동능력 발달을 키워주는 지능계발

종합적인 운동놀이 해 볼까요?

■ 주제 운동 능력이 발달해요.

■ 우리 아이 이런 지능이 달라져요

아이의 운동 능력을 점검하고 전체적인 운동 능력을 높여 줍니다.

■ 이런 것이 필요해요

도화지, 크레파스, 신문지, 가위, 고무줄

❶ 유아일 때는 지능과 운동능력이 직접적 관련이 많습니다. 지능이 높을수록 운동능력이 뛰어나고 체력도 강합니다.

❷ **초등학교 입학 때까지 아이의 운동신경 발달시킬 수 있는 보편적 사항은 다음과 같습니다.**

- 스스로 마름모꼴 모형을 쉽게 그릴 수 있도록 숙지시킨다.
- 10초 동안 발끝으로 서 있을 수 있도록 훈련시킨다.
- 쪼그려 앉아 있는 친구의 등을 손으로 짚고 뛰어넘을 수 있도록 훈련시킨다.
- 신문지를 한쪽 손으로 돌돌 말 수 있도록 숙지시킨다.
- 10초 동안 두 손을 벌린 채 한쪽 다리만으로 지탱하도록 훈련시킨다. 또 눈을 감고도 쉽게 할 수 있어야 한다.
- 마분지에 그린 동그라미와 마름모를 가위로 잘 오려낼 수 있도록 숙지시킨다.
- 앞으로 구르기를 연속적으로 할 수 있도록 훈련시킨다.
- 30㎝ 정도 높이의 고무줄을 쉽게 넘을 수 있도록 훈련시킨다.

Point 아이가 위험하다고 운동을 포기하면 성장 후에도 운동을 할 수가 없게 됩니다. 그래서 무엇이든지 시켜야 운동기능이 성장 후까지 지속될 수 있습니다.

외우는 것은 반드시 잊어버린다는 것을 알게 해준다.

어떤 아이가 글자를 전혀 모르면서 그림책은 줄줄 읽어 어른들을 놀라게 했습니다. 다시 말해 이것은 부모가 되풀이해서 그림책을 읽어준 것은 그대로 기억한 것입니다. 이것으로 알 수 있는 것은 아이들이 '외우고 잊어버리는 것'을 반복해서 사물을 하나하나 기억한 것입니다. 하지만 부모가 어차피 잃어버린다고 생각해서 반복하는 것을 게을리 한다면 아이의 기억력은 성숙되지 않습니다.

반복연습을 많이하면 반복형의 머리만 조성된다.

시중 서점에서 판매되고 있는 유아용, 초등학생용, 중학생용 반복연습문제가 인기를 얻고 있습니다. 이에 취학전의 유치원까지 반복연습형식과 테스트형식의 문제를 선호하고 있습니다. 이런 현실에서 어머니들은 교육의욕이 지속적으로 상향되는 상황에서 이런 교재의 등장은 마땅하다고 할 것입니다. 하지만 이것은 아이의 입장에서 생각할 때 귀찮고, 두뇌발달에는 마이너스를 가져오는 것입니다. 시중에 시판되는 이런 교재는 대부분 유형적인 문제만 출제되었기 때문에 아이들의 머리가 더 이상 발전 될 수가 없습니다.

만약 자녀들이 잘못을 저질러 꾸중했거나, 저녁식사시간 때 버릇이 나쁘다고 엄한 주의를 주었다고 해도, 일단 침대에 눕히면 다정하게 토닥거려줘야만 한다. 이것은 부모들의 의무인데 자녀들이 하루일과를 마무리하고, 내일의 평안을 빌어주는 것이다. 이때 자녀가 깊이 잠들 때까지의 짧은 시간에 재미있는 얘기나 책을 읽어주면 금상첨화다. 이것은 어린이들에게 풍부한 상상력과 지혜를 심어주고 길러주는 역할을 한다.

추리력지능 능력과 지각지능 능력을 발달시키는

어떤 동물인지 맞춰볼까요?

■ 주제 지각능력 지능과 추리력 지능 능력이이 발달해

■ 우리 아이 이런 지능이 달라져요

숨은 그림을 찾아 상상하게 하여 지각능력 지능과 추리력 지능 능력이 길러줍니다.

■ 이런 것이 필요해요

숨은그림찾기, 그림책이나 동화 책

평범한 아이를 위대하게 키우는 엄마의 센스 지능*Up Play*

1. 옆에 있는 그림을 잘 보여 주고 아이에게 동물을 찾게 합니다.
2. 전부 찾을 때 가지 아이에게 흥미를 가지게 합니다.
3. 하나하나 찾을 때 마다 숫자를 적게 합니다.
4. 다 찾은 동물의 이름과 동물의 특징을 이야기 하게 합니다.

지각지능 능력을 발달시키는

어느 것이 클까요?

■ 주제 크고 작음을 판단할 수 있는 능력이 향상되요.

■ 우리 아이 이런 지능이 달라져요

일상생활에서 느낄 수 있는 크고 작음을 판단할 수 있게 하는 지각 지능 능력을 길러줍니다.

■ 이런 것이 필요해요

그림책이나 동화 책

평범한 아이를 위대하게 키우는 엄마의 센스 지능*Up Play*

❶ 엄마가 다른 것은 가리고 한 칸씩 아이에게 보여줍니다.

❷ 어느 동물인지 이름과 특징을 말하게 합니다.

❸ 보여준 그림 중에서 제일 크고 작은 것이 어느 것인지 손으로 짚게 합니다.

❹ 다음엔 작은 것부터 큰 순서대로 지적하게 합니다.

❺ 아이가 관심을 갖는 물건으로 시작하면 아이가 흥미를 가지게 됩니다.

매너리즘은 정신발달을 늦어지게 한다.

아이들의 두뇌 향상을 위해서는 아이 스스로에게 생각할 기회를 부여해 머리를 활용하게 하는 것입니다. 이것은 팔다리를 다쳐 깁스를 오래하면 근육이 굳어지거나 약해져 못쓰게 되는 것처럼 머리 역시 사용하지 않으면 무뎌지는 것과 같은 것입니다.

아이들 스스로 머리를 쓰게 하는 방법은 아이들을 문제 속으로 집어넣는 것입니다. 예를 들면 어제의 행동처럼 오늘을 지나간다면 우리의 머리는 일부러 힘들여서 생각할 필요가 없습니다.

하지만 우리의 머리가 활발하게 작용하는 시점은 어제의 행동과 전혀 다른 문제에 직면했을 때입니다. 이렇게 생각하면 우리의 머리는 자동적으로 사고가 절약되는 이득을 보는 것과 같습니다. 다시 말해 두뇌가 이를 닦거나 밥을 먹는 것까지 하나도 빠짐없이 매일 새롭게 생각한다면 두뇌가 수십 개라도 부족할 것입니다. 이렇지 않기 때문에 새로운 문제에 대응할 수 있도록 머리의 작용이 유지되고 있는 것입니다. 하지만 이것이 원활하게 가동되지 않으면 두뇌는 어느 날 갑자기 매너리즘에 빠지게 될 것입니다.

만약 아이가 매너리즘에 빠지면 뇌의 발달과정에 문제가 생기게 됩니다. 이렇게 되면 두뇌의 작용이 둔하게 움직여 정신발달이 늦어진다는 것을 알 것입니다.

식사 중 잡담은 표현력을 향상시킨다.

아이가 식사시간에 조용히 먹는 것을 원하는 유교문화의 우리나라와는 달리 미국이나 유럽에서는 말이 없으면 도리어 걱정을 합니다. 왜냐하면 식탁은 가족 간에 토론이나 커뮤니케이션의 마당이기 때문입니다.

우리나라는 식사시간에 말을 많이 하면 가볍고 버릇이 없다며 대부분 금기시하고 있습니다. 물론 문화의 차이라고 할 수 있겠지만, 잡담과 함께 즐겁고 편안한 식사는 소화도 잘될뿐더러 가족 간의 우애가 더 깊어질 것입니다. 그래서 우리나라도 가족 간의 소통의 일환으로 권장하는 것도 좋을 것 같습니다.

더구나 아이에 이런 식사습관을 길러준다면 아마 가장 즐거운 시간이면서 다양한 어휘와 표현력을 향상시킬 수 있는 최선의 방법이 될 수도 있습니다. 아이가 식탁에서 잡담을 늘어놓으면서 떠드는 것은 스스로 표현력을 기르기 위해서입니다. 이럴 때 부모가 시끄럽다며 금지시킨다면 아이의 지능발달과 표현력에 마이너스가 되기 때문에 삼가야 합니다.

아이들의 지적성장을 돕기 위한 교육환경을 만들어 주는것이 바로 장난감이다.아이들에게 장난감을 생각 없이 주지말고, 하나를 주더라도 항상 교육적인 측면을 먼저 생각해서 사준다. 그 장난감이 교육을 위해 특별하게 만들어진 것이 아닌, 주변에서 흔히 볼 수 있는 하찮은 것들도 관계가 없다. 장난감은 한 살에서 세 살까지의 어린이들에겐 갖가지 감각적인 자극을 주며, 운동신경을 발달시키는데 빼놓을 수 없는 중요한 도구이다. 따라서 장난감을 선택할 땐 어린이들의 마음과 두뇌의 성장을 촉진시키는 측면을 먼저 생각해야만 한다.

표현력 지능 능력과 언어 지능 능력을 발달시키는

그림 보고 말해 볼까요?

■ 주제 표현력 지능과 언어 지능 능력이 발달해요.

■ 우리 아이 이런 지능이 달라져요

옆의 그림을 보여주고 아이에게 무엇을 하고 있는 것인지 말하게 하여 아이의 표현력 지능과 언어 지능 능력을 길러줍니다.

■ 이런 것이 필요해요

그림 책이나 동화 책

평범한 아이를 위대하게 키우는 엄마의 센스 지능*Up Play*

1. 옆의 그림 3가지를 보고 무엇을 하는 것인지 말하게 합니다.
2. 다음에 그림 두 가지를 가지고 이야기를 만들게 합니다.
3. 점차적으로 그림수를 늘려서 연결되게 이야기를 만들어 가게 합니다.
4. 그림과 그림의 이야기 연결이 잘 안될 때는 엄마가 도와줍니다.

Point 아이가 능숙하게 이야기를 연결해 나가면 표정이나 동작 같은 것을 곁들여 이야기 하게 합니다.

chapter 4

아이의
지능을 쑥쑥 올려주는
효과적인 방법

먼저 아이의 발전 단계를 확인합니다.

무엇을 가르치거나 배울 때에는 기초가 필요합니다. 아이가 학습 준비를 마칠 때까지 자연적인 기초가 만들어질 때까지 새로운 과제를 가르칠 수는 없습니다. 예를 들면 아이가 똑바로 설 수 있을 정도로 성장할 때까지는 걷기를 가르칠 수 없습니다.

아이가 지능 습득의 준비를 마쳤는지 알 수 있는 쉬운 방법은 생활 속에서 아이가 보여주는 흥미가 바로 학습 준비가 갖추어졌다는 가장 좋은 예입니다.

흥미와 능력은 깊은 상호 관계가 있습니다. 아이가 밥을 먹거나 옷을 입는 일에 흥미를 나타내기 시작할 때에는 그 일을 그다지 긴장감 없이, 그렇게 노력하지 않아도 할 수 있는 단계가 되었다고 생각해도 좋습니다. 이 기회를 놓치지 말고 아이에게 새로운 활동, 과제를 가르치면 좋습니다.

미처 준비가 되어 있지 않은 동안에 무리하게 무언가를 시키면 오히려 새로운 과제를 익히는 진도가 늦어지고 두려워하거나 겁을 내기도 합니다. 또 실패했을 때에는 분노나 기분 나쁜 감정을 나타내는데 이런 좋지 않은 경험이 쌓이면 아이의 학습 능력 발달을 방해하는 결과이기도 합니다.

아이에게 너무 빠른 시기에 강제로 가르치는 것이 좋지 않듯이 능력이 있는데도 방치해 두어서 학습을 늦추는 것도 좋지 않습니다. 많은 부모들이 이러한 과오를 무의식적으로 저질러 아이의 발달을 방해하는 경우가 있습니다. 아이 스스로 할 수 있는 일을 모르고 아이 대신 해준다거나 아이가 하는 일이 상당히 늦고 비능률적이라서 아이를 위해 대신해 주려고 하는 경우들입니다.

아이가 흥미를 나타내고 어떤 새로운 일을 배워 몸에 익힐 준비가 되었다고 느껴지면 어떻게든 혼자 하게 내버려두어야 합니다. 물론 옆에서 도와주어야겠지만 끈기 있게, 가능한 한 손을 내밀어 주지 않는 것이 유아교육의 원칙입니다.

아이는 놀이로 배웁니다.

어른들에게 놀이는 일(직업)과 상대적인 의미이며 몸과 마음의 피로, 긴장감을 해소하는 레크리에이션의 일종입니다. 내일의 활력을 키우기 위해 필요하지만 생활의 전부는 아닙니다. 그렇지만 아이의 놀이는 생활 그 자체이며 심신 발달에 없어서는 안 될 중요한 학습인 것입니다. 어린아이는 놀이를 통해서 여러 가지 능력을 배우고 몸에 익혀 갑니다.

유아기는 물론 비교적 어린 나이에 배운 것은 일단 잊어버려도 계기만 있다면 다시 생각나는 것이 보통입니다. 예를 들면 네 살 때 6개월 정도 독일에 있던 아이가 그 후 한국에서 생활을 했는데도 대학에서 갑자기 정확한 독일어 발음을 했다는 이야기가 있다고 합니다. 생리학적으로는 충분히 있을 수 있는 현상입니다. 기억은 세 가지의 다른 기능이 연속적으로 일어나서 비로소 하나의 정신 활동으로 인정받는다. 새로운 지식을 입력해 넣는 활동과 그것을 유지하는 활동, 나중에 생각해 내는 활동, 세 가지의 기능이 어우러져야 합니다.

일반적으로 확실하게 입력된 것은 유지도 잘 되고 재생도 잘 된다고 합니다. 물론 예외도 있습니다. 기억은 지적인 움직임이지만 본능과 전혀 관계가 없지는 않습니다. 인간의 지적인 작용을 낳는 장소는 대뇌의 '새로운 피질' 입니다.

걸을 수 있을 만큼도 자라지 못한 아이, 아직 새로운 피질이 제대로 활동하지 못하는 유아라도 주위에서 일어난 일을 기억하고 있는 것은 오래된 피질의 '해마' 라는 부분이 작용하고 있기 때문이라고 합니다. 해마는 오래된 피질의 일부이기 때문에 막 태어난 아기의 대뇌에서도 잘 작용하고 있습니다. 주위에서 생긴 일의 분위기를 기억으로서 해마에 새겨 넣어 버립니다. 생긴 일이 기분 좋았다면 즐거운 기억으로, 불쾌한 분위기였다면 싫은 기억으로 언제까지 남아 있습니다.

아이들은 즐거운 일, 유쾌한 경험은 잊지 않습니다.

기억은 재미있는 성질을 가지고 있습니다. 즐겁고 유쾌한 경험이 불쾌한 경험보다 더 확실하게 기억되고 재생됩니다. 네 살 때 6개월 정도밖에 독일에서 살지 않았던 사람이 대학생이 되어서 갑자기 정확한 독일어 발음을 할 수 있게 된 것은 바로 해마에 있는 기억의 작용입니다.

여기에서 소개하는 지능계발 놀이는 아이의 일상생활 속에서 흔히 보이는 소재를 선택하여 유아심리학의 입장에서, 아이의 흥미와 발달을 같이 고려하여 만들어졌다. 즐겁게 놀면서 여러 가지 지능능력을 키울 수 있습니다.

종이를 아무렇게나 자르게 하는 것이 두뇌향상에 효과적입니다.

3~4살 짜리 아이가 집에서 혼자 놀 때 종종 가위로 신문지를 자르는 모습을 많이 보았을 것입니다. 이때 잘린 신문지는 다양한 모양으로 온 방안에 어지럽게 늘려있을 것입니다. 이런 행동은 아이가 제일 먼저 할 수 있는 손놀림입니다.

주의해야 할 것은 아이에게 위험하지 않는 양 끝이 둥근 가위를 준비해야만 합니다. 또한 아이가 처음으로 신문지를 자르기 시작할 때 정형화된 도형을 고집하지 말고, 즐겁게 제멋대로 자르도록 내버려두는 것이 좋습니다.

왜냐하면 종이를 자유롭게 자르는 것은 규정된 사물에서 벗어나 새로운 아이디어를 스스로 익히는 것이기 때문입니다. 또한 자동적인 손가락 끝 운동은 두뇌기능을 원활하게 하면서 지능지수까지 높여줍니다.